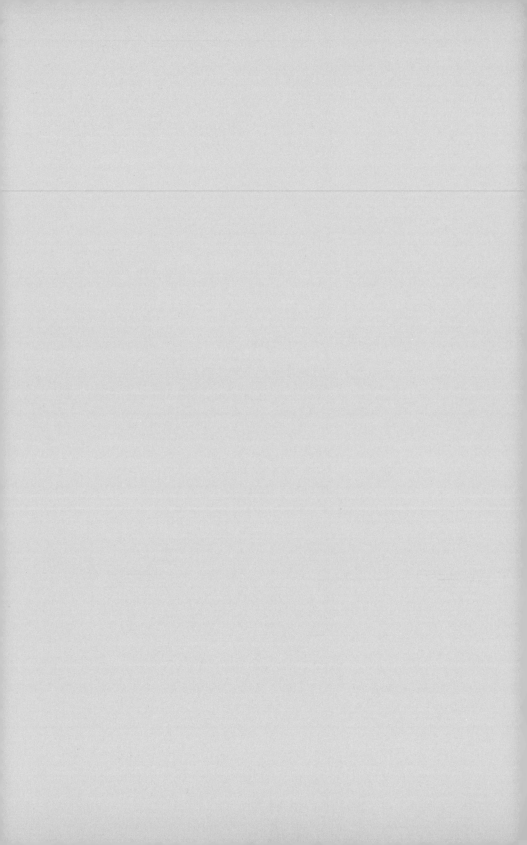

4·16구술증언록 단원고 2학년 4반 제16권

그날을 말하다

수현 엄마 이영옥

이 도서의 국립중앙도서관 출판예정도서목록(CIP)은 서지정보유통지원시스템 홈페이지(http://seoji.nl.go.kr)와
국가자료공동목록시스템(http://www.nl.go.kr/kolisnet)에서 이용하실 수 있습니다.
CIP제어번호: CIP2019009525

4·16구술증언록 단원고 2학년 4반 제16권

그날을 말하다

수현 엄마 이영옥

4·16기억저장소 기획 편집
(사) 4·16세월호참사가족협의회 지원 협조

일러두기

1. 음절로 식별 가능한 소리를 들리는 대로 전사하는 것을 원칙으로 한다.

2. 의미를 파악하기 위해 추가 설명이 필요할 경우 [ ]로 표시한다.

3. 몸짓, 어조 등 비언어적 행위는 ( )로 표시한다.

4. 구술자가 말을 잇지 못해 말줄임표를 사용하는 경우 ……, …로 길고 짧음을 표시한다.

5. 비공개 영역은 〈비공개〉로 표시한다.

6. 비공개해야 하는 희생자 형제자매의 이름은 ○○, △△ 등의 도형기호로, 생존자의 이름은 A, B, C 등 알파벳 대문자로 표시한다.

7. 비공개해야 하는 제3자는 직분이나 소속, 성만 공개하고, 이름은 ××로 표시한다. 비공개해야 하는 숫자는 자릿수에 상관없이 □로 표시하며, 지명은 □□로 표시한다.

4·16기억저장소에서는 세월호 참사 5주기를 맞아 구술증언 수집 사업의 결과물 일부를 100권의 책으로 발간하게 되었습니다. 이 사업은 2015년 6월부터 다양한 학문 분야 구술 연구자들의 자발적인 참여로 진행되어 왔으며, 세월호 참사를 좀 더 정확하고 다각적으로 기록하고 기억하고자 하는 노력의 일환으로 수행되었습니다.

2014년 참사 발생 이후, 참사 피해자들의 목격담과 경험은 안타깝게도 공식적인 국가기관과 언론의 기록 속에서 철저히 소외되거나 왜곡되었습니다. 그것은 세월호 참사가 우리에게 안긴 죽음과 고통의 충격만큼이나 우리 사회의 끔찍한 비극이었습니다. 따라서 사업을 진행하면서 세월호 참사 희생자 가족, 생존자, 생존자 가족, 어민, 잠수사, 활동가, 기자 등등, 참사의 초기 과정을 직접 경험한 분들의 증언을 우선적으로 수집했습니다. 구술자는 이 사업의 취

지와 방식에 개인적으로 동의한 분 중에서 선정했으며, 참여 과정에 어떠한 금전적 보상이나 이익이 제공되지 않았습니다. 또한 구술증언 수집 사업을 진행하는 동안, 면담자는 연구자이자 참사를 겪은 공동체 시민으로서 최대한 윤리적이고자 노력했습니다.

구술자마다 매회 약 2시간씩 3회를 원칙으로 음성 녹취와 영상 촬영을 하는 방식으로 진행되었고, 증언의 일관성을 확보하기 위해 면담자는 큰 틀에서 공통 질문지를 사용했습니다. 공통 질문지의 내용은 참사와 구술자 간의 관계성에 따라 차이가 있지만, 유가족 구술의 경우 1회차 '참사 이전의 삶, 팽목항과 진도에서의 경험, 자녀에 대한 기억'을, 2회차 '참사 이후 투쟁과 공동체 활동 경험'을, 3회차 '참사 이후 개인 및 가족이 경험한 삶의 변화와 깨달음, 자녀의 현재적 의미'를 중심으로 했습니다. 이처럼 증언 내용은 참사 이전에서 시작해 참사 발생 당시의 경험과 이후의 변화 과정까지 폭넓게 수집했고, 면담자는 구술 채록 과정에서 구술자의 발화를 최대한 존중하고자 했으며, 무엇보다 각자의 특수한 경험과 다른 시각을 충실히 반영하고자 했습니다.

이 구술증언록의 발간을 위해, 채록된 음성 자료는 문서로 변환해 구술자와 함께 검토했고, 현재 시점에서 공개할 수 있는 영역과 할 수 없는 영역으로 구별했습니다. 따라서 책에 실린 내용은 모두 구술자로부터 공개를 허락받은 부분입니다. 비공개 영역은 추후 구술자의 동의를 받아 적절한 절차를 거쳐 추가로 공개될 수 있으리라 생각합니다.

이 구술증언록 100권에는 그동안 우리 사회에 왜곡되어 알려지거나 잘 알려지지 않았던, 참사 발생 직후 팽목항과 진도 혹은 바다에서의 초기 상황에 관한 중요한 증언이 포함되어 있습니다. 또한, 자녀를 잃는 잔인하고 애통한 상황을 겪으면서도 그 누구보다 강인한 정치적 주체로 성장할 수밖에 없었던 유가족의 마음과 경험을 구체적으로, 그리고 여러 각도에서 살펴볼 수 있습니다. 그외에도, 이 구술증언록은 2014년을 전후한 한국 사회의 여러 측면을 드러내는 귀중한 자료가 되리라고 생각합니다. 무엇보다 국내외의 많은 분이 이 책을 읽어, 장차 세월호 참사의 진상 규명과 역사 서술에 기여할 수 있기를 바랍니다.

구술증언 수집 사업이 진행되고, 책으로 출간되기까지 많은 분의 도움과 지지가 있었습니다. 이 지면을 빌려 부족하나마 감사의 말씀을 전하고자 합니다.

먼저 (사)4·16세월호참사가족협의회와 4·16기억저장소에 감사를 드립니다. 이분들의 신뢰와 적극적인 협조가 없었다면, 이 사업은 처음부터 시작할 수조차 없었을 것입니다. 또한 어려운 정치 환경 속에서도 사업의 취지에 공감해 재정 지원을 결정해 준 아름다운가게와 역사문제연구소에 감사드립니다. 두 단체 덕분에, 이 사업을 4년 동안 계속해 올 수 있었습니다. 그리고 구술증언록 100권의 발간에 동의하고, 바쁜 일정에도 출판 실무를 기꺼이 맡아주신 한울엠플러스(주)에도 감사를 드립니다. 이 외에도 많은 개인과 단체가 직간접적으로 많은 도움을 주시고 격려해 주셨습니다. 여기에 모두 밝히지 못하는 것을 죄송하게 생각합니다.

　말할 필요도 없이, 가장 크고 또 가슴 아픈 감사는 구술자 한 분한 분께 드리고자 합니다. 이 책이 발간될 수 있었던 것은, 무엇보다 용기를 내어 아픔과 고통의 기억을 다시 떠올리고 장시간 진심으로 이야기를 해주신 구술자가 있었기 때문입니다. 오랜 시간 이야기를 나누며 함께 공감하기도 했지만, 그 아픔과 고통을 어떻게 가늠할 수 있을까 싶습니다. 더 큰 도움이 되지 못함을 안타까워하며, 이 구술증언록 100권의 발간이 피해자분들에게 조금이라도 위로가 될 수 있기를 기원합니다.

2019년 4월

4·16기억저장소 구술팀 책임자
서울대학교 인류학과 교수 이현정

차례

■ 1회차 ■

■ 3회차 ■

수현 엄마 이영옥

구술자 이영옥은 단원고 2학년 4반 고 박수현의 엄마다. 1남 1녀 중 둘째였던 수현이는 엄마가 '째보'라는 별명을 붙일 만큼 웃음도 많고, 엄마한테 의지가 될 만큼 의젓한 아들이었다. 엄마는 수현이가 지지하고 좋아했던 자신의 공부를 계속하면서, 더 나은 세상을 만드는 데 도움이 되는 사람으로 거듭나고 싶은 소망을 가지고 있다.

이영옥의 구술 면담은 2019년 2월 11일, 13일, 20일, 3회에 걸쳐 총 6시간 20분 동안 진행되었다. 면담자는 정수아, 촬영자는 강재성이었다.

구술자 본인의 프라이버시나 제3자의 프라이버시를 보호해야 할 부분을 제외하고는 구술자의 발화를 있는 그대로 옮겼다.

1회차

2019년 2월 11일

시작 인사말

면담자   본 구술증언은 4·16 사건에 대한 참여자들의 경험과 기억을 기록으로 남김으로써 이후 진상 규명 및 역사 기술에 기여하고자 합니다. 지금부터 이영옥 씨의 증언을 시작하겠습니다. 오늘은 2019년 2월 11일이며, 장소는 안산시 단원구 4·16기억교실 교육장입니다. 면담자는 정수아이며, 촬영자는 강재성입니다.

구술증언 참여 동기

면담자   먼저, 본 구술증언 사업을 통해, '구술증언을 남겨야 겠다'고 생각하시게 된 동기가 무엇인지 여쭤볼게요.

수현 엄마   그냥 제가 해야 될 일? 그러니까 역사도 다 그랬잖아요. 뭔가 남아야지만 그다음 사람들이 알게 되는 거니까. 제가 겪은 거를 [증언을] 해야 된다는 생각은 있어요. 만약에 '하세요'라고 말했을 때 '아니요, 저 하기 싫어요'는 안 되게[못 하게] 되더라고요. 제가 말해야 된다고 생각하니까. 그래야 다른 사람들이 알 수 있으니까.

면담자   본 구술증언 기록이 후대에 어떠한 목적으로 사용되

길 원하시나요?

수현 엄마　　크게 생각해 본 적은 없는데, 최소한 이 사람들이 이런 참사를 겪고 어떤 마음이었는지, 그리고 어떻게 살았는지, 그리고 또 지금 마음이 어떤지. 대부분 물론 공감하시는 분도 많지만… 제가 세월호 겪으면서 제일 마음 아팠던 게, 자식 잃은 사람들한테 쏟아지는 온갖 비난들이 제일 마음 아프고 제일 견디기 힘들었거든요. 그래서 그런 분들이, 물론 그런 사람들은 관심도 없을 수도 있겠지만, 이걸 접하게 될 기회가 된다면 그분들이 우리 마음이 최소한 어떻다고[어떻다는 걸] 좀 보시고 공감할 수 있는 공감 능력이 좀 생겼으면 좋겠어요. 그래서 제발 아픈 사람한테 돌을 더 안 던졌으면 좋겠어요. 지금도 가뜩이나 아파 죽겠는데 거기다가 막 돌을 더 던지시더라고요. 그래서 최소한 '이런 마음이었구나', 그래서 '왜곡된 사실들이 많구나' 이렇게 그냥 있는 그대로 그 사실을 아셨으면 좋겠어요, 그분들이.

3
근황

면담자　　요즘 활동을 많이 못 하셨다고 시작 전에 말씀해 주셨는데, 그동안 피케팅이라든지 어떠한 활동에 참여하셨나요?

수현 엄마　　요즘은 피케팅이 제가 알기로는 없고, 그전에 피케팅 있을 때는 열심히 참여했었고요. 진상 규명되는 거[진상 규명에 관한 피케팅을] 선부동하고 중앙동, 상록수[역]에서 계속 1년 넘게 했었는데 다 참여했었고, 교실 지킬 때 교육청에서도 계속 피케팅했었고요. 그리고 광화문 가는 것도 1년 넘게 갔었고.

면담자   최근에는 어떤 시간을 보내고 계신가요?

수현 엄마   요즘은 그냥 똑같이, 작년하고. 제가 좀 최근에는… 어떨 때는 제가 막 기억을 몰아낸다 할까요? 그러니까 제가 받아들이고 싶지 않아요. 그전에도 그렇긴 했는데, 제가 유가족인 것도 싫고. 그전에도 수현이 죽음[을] 안 받아들인 것은 사실인데, 지금도 받아들이기 싫으니까 제가 자꾸 제 기억 속에서 이거를 거부하고 밀어내는 게 있더라고요. 그래서 그냥 아무 일도 없었던 것처럼 일상적인 삶을 살고 싶을 때가 있어요. 그래서 지금은… 물론 많이 힘들지만 [1월에] 수현이 생일이 있었고, 또 저희한테 명절이 낀 달은 굉장히 힘들어요. 아이 없는 명절이나 생일을 보내는 게 많이 힘들어서 1월, 2월은 많이 힘든 달? 그리고 이제 연거푸 계속 힘들어지는 달이 오니까. 그리고 제가 공부는 잘 못하는데 공부하는 걸 좋아해서 원래 지인분들하고 이런 일 있기 전에도 계속 스터디를 했었는데, 그 스터디 열심히 하고 있어요. 제가 집에도 있어봤는데, 집에 있으면 제가 그게 없더라고요. 그러니까 뭔가를 하려는 의욕이 없어서 계속 가만히만 있어요. 그래서 일부러라도 밖에 나오려고 노력을 하죠. 그래서 지인분들하고 스터디하고, 파트타임으로 일하니까 일하고, 바쁘게 살고 있어요. 근데 이제 자꾸 기억을 몰아내려고 했다가, 어느 순간 제가, 늘 수현이는 제 마음속에 있지만, 그래도 계속 생각이 나는 달이죠, 1월하고 2월이 제일. 많이 힘든 달 중에 1월, 2월이 껴 있어서… 힘들었어요, 1월, 2월은.

면담자 　　　가족들이 다 많이 힘들고.

수현 엄마 　　　네. 그런데 서로 그 부분을, 우는 모습을 보이면 서로 힘든 것 같아서 저는 수현이 [유골함 있는 장식장] 문 닫아놓고 울고 애 아빠도 애 아빠 나름대로…. 이제 그나마 딸이 저하고 제일 편하게 얘기해서 ○○이하고는 수현이 얘기 자주 하면서 둘이 속상해서 울고 그러거든요. 그런데 남편한테는 그런 걸 잘 못해요. 얘기는 가끔 하는데 서로 힘들어질까 봐 조심하는 것들이 있는 것 같아요. 그러니까 서로 표현하지 [못하고], 배려 아닌 배려? 어떨 때는 탁 터놓고 말해놓고 같이 막 펑펑 울고 싶은 마음이 생기다가도, 또 그러면 뭔가 모르게 둘 다 무너질 것 같애 가지고 그런 건 서로 조심하는 것 같아요. 서로 얘기 안 해도.

면담자 　　　아버님도 아직 약해지면 안 된다는 생각을 하실 수 있죠.

수현 엄마 　　　그런 게 아무래도 있죠.

면담자 　　　어머님도 그런 마음도 아시니까 그런 이야기를 하시기가 힘들고요.

수현 엄마 이영옥

수현 엄마   네. 그리고 애 아빠는 늘 모든 것이 진상 규명에 꽂
혀 있고, 저는 이제 [진상 규명을] 남편이 하고 있는데 저는 좀… 제
삶에 대해서 자꾸 보게 되더라고요. 그래서 어떻게 보면 도피일 수
도 있는데, 애 아빠가 진상 규명에 꽂혀 있는 반면에 저도 진상 규
명이 제 안에 없는 건 아닌데 그래도 제가 '뭘 해야 되겠다' 이런 생
각을 하더라고요, 제 삶에 있어서. 만약에 예를 들면 '공부를 한다
거나 운동도 해야지' 이런 생각을 하게 됐어요. 그래서 어떨 땐 좀
죄의식 같은 걸 막 느껴요. '내가 이렇게 해도 되나?' 최근엔 그런
생각을 좀 많이 했어요. '내가 내 삶을 너무 많이 살고 있는 건 아닐
까?' 이런 생각? 저도 모르게. 그래서 '남편한테 되게 미안하다. 남
편이 이거[진상 규명에 관한 노력을] 해서 나는 너무 편하게 지내는
거 아니야? 나도 진상 규명에 막 올인하고 이래야 되는데' 이런 생
각이 들 때가 있고 그 미안함이 더 많이 커져가지고…. 지금은 저
는 진짜 죄의식 같은 것도 많이 느껴요.

면담자   어머님 공부하시는 건 수현이가 지지했었다고요.

수현 엄마   네, 수현이가 많이 지지했었죠.

면담자   그래서 어머니가 더 열심히 하시려는 것같이 저는
생각이 들거든요.

수현 엄마   그런 것도 있고요. 제 숨통이에요, 그것도 안 하면
제가 살 수가 없어서. 공부하는 동안에는 제가 정말 잘은 못하고
열심히도 안 하는데, 제 숨통이라면 좋아하는 사람들끼리 같이 공

부하는 거, 그게 제가 숨을 쉴 수 있는 그런 시간?

면담자　　　어떤 공부를 하고 계세요?

수현 엄마　　영어 공부요. 잘 못하는데 좋아해서 하고 있어요. 원서 읽기 해요.

면담자　　　어려운 걸 하시네요.

수현 엄마　　아니에요. 쉬운 책. 초등학생이나 중학생용, 쉬운 책 하고 있어요.

면담자　　　그래도 수현이가 좋아하겠어요.

수현 엄마　　네, 수현이가 좋아했어요.

4
4·16 이전의 삶

면담자　　　이제 4·16 이전의 삶에 대해서 여쭤볼게요. 언제부터 어떤 계기로 안산에 거주하셨나요?

수현 엄마　　89년도 8월부터요. 제가 직장을 안산으로 왔어요.

면담자　　　그 전엔 다른 곳에?

수현 엄마　　제 친정 동네, 충남에요.

면담자　　　충남에 쭉 사셨나요?

수현 엄마   네, 충남에 쭉 살았고, 직장 얻어서 이쪽으로 와서 여기서 남편과 연애해서 결혼을 했죠. 그래서 아이들 여기서 낳고, 참사 나기 전까지 여기서 살았어요.

면담자   어떤 직장에 다니셨어요?

수현 엄마   병원 원무과에 있었어요.

면담자   처녀 때부터 계속 그 직장을 다니셨어요?

수현 엄마   그러니까 큰애 임신하고 나서 9개월까지 직장생활을 했고요. 그러고 나서 그만두고 아이들 키우고 이제 공부를 해야지 싶어서 [방송]통신대학교에 들어갔죠, 영어영문학과에. 그때 수현 이랑 ○○이랑 아빠랑 제가 시험기간 걸리면 다 해요, 셋이서. 밥 해서 셋이 먹고 아빠가 애들 공원 데려가서 놀아주고 저는 도서관 가서 시험 전에 한 6주 전부터 주말에 도서관 가고. 그래서 공부를 끝마쳤죠. 아이들도 잘해주고.

면담자   가족들이 지지를 해주셨네요.

수현 엄마   네. 그래서 졸업을 [긴 시간 안 걸리고] 딱 졸업하고, 덕분에. 졸업하기 힘들다 했는데 졸업을 했어요. 가족의 도움이나 지지가 없으면 힘들었는데 저는 운이 좋았죠. 다들 지지해 줘 가지고.

면담자   스터디 모임에 대해서 말씀해 주시겠어요?

수현 엄마   그때[학교를 다닐 때] 지역아동센터에 제가 학습도우미 선생님으로 계속 [일했어요]. 공부하면서 거기서 계속 아이들 가르치는 일을 했었고요. 졸업하고 나서는 운이 좋게 사교육을 했죠. 제가 지금도 파트타임으로 그걸 하고 있고. 지금도 그 일을 하고 있고, 제가 공부할 때 수현이가 너무 좋아했어요. 제가 요번에 세뱃돈을 수현이 있는 장식장에 넣어주면서, 전에도 그 편지를 읽었는데 너무 처음 보는 편지같이, 수현이가 저에게 [써 준] 편지가 있었는데 거기다가 [수현이가] '엄마' 하고 괄호 열고 '집선생님' 이렇게 써놨더라고요. 그리고 나서 '엄마가 영어 가르쳐줘서 너무 고맙다'고 '계속 엄마가 저 영어 가르쳐달라'고 그런 내용의 편지를 저한테 썼는데 그게 보여서 그날 좀 많이 울었죠, 설날에. 그래서 수현이가 정말 많이 좋아했고요. 제가 다른 엄마들처럼 마트나, 저도 마트에서 일도 해봤지만, 마트나 이런 힘든 일을 하는 게 아니라 엄마가 아이들을 가르치는 것에 대해서 굉장히 자부심도 느끼고 저를 자랑스럽게 생각해 주고. 늘 수현이가 그랬어요, "엄마는 가르치는 직업인데 학력이 딸린다[달린다]"고 "꼭 대학원에 가야 된다"고. 그래서 아직도 좀… 나이가 너무 많아서 힘들긴 한데 아직 포기는 안 했는데 언제쯤 될지는 모르겠어요. 아직은 제가 그것까지 여유가 없어서. 수현이가 늘 그랬어요, "엄마는 꼭 대학원에 가야 된다, 학력이 딸린다"고. 저한테 늘 충고 아닌 충고를 했었어요.

면담자 　　　 나름 독설도 했네요(웃음).

수현 엄마 　　　 (웃음) 네. 아빠 닮아서 다이렉트로[직설적으로] 말하는 걸 잘해요, 지[자기가] 생각하는 걸. 저도 그렇고. 많이 닮았어요.

면담자	그럼 종교는 있으세요?

수현 엄마   [종교가] 없다가 아이들 어렸을 때 세례받고 한 2년 다녔죠.

면담자	교회요?

수현 엄마   아니요, 성당을. 그래서 2년 정도 다니다가 냉담[천주교 신도이긴 하나 정기적으로 미사나 고해성사 등에 참여하지 않는 상태]을 하게 됐어요. 그런데 냉담하면서 제가 언젠가는 그래도 하느님 앞으로 갈 거라고 생각을 했었는데, 완전히 참사 겪고 나서 바뀌었죠. 안 가, 이제는. 가고 싶은 생각은 없어요.

면담자   그러면 참사 이전에 보통 때, ○○이 낳으시기 전까지 직장생활을 하셨다고 했는데 직장생활 하실 때 일상은 어떠셨나요?

수현 엄마   결혼하고 나서 그냥 거의 직장, 집, 직장, 집이었죠. 그런데 남편이 그때 나이가 젊고, 회사에서 많이 치열하게 생활할 때여서 제가 혼자 있는 시간이 많았죠. 그리고 저도 직장생활을 하니까. 그리고 ○○이 갖고 나서… 원래도 제가 책 읽고 이런 걸 좋아해서 직장생활 하면서도 [책을 읽었어요]. 그리고 원무과에서, 옛날에 가방 들고 [다니면서] 책 빌려주시는 분이 있었어요. 그래서 병원에 매주 와서 [책을 빌려주면] 여직원들끼리 다 빌려서 보고, 돌려보고 해서 책 읽었던 거랑, 그때는 공부는 딱히 안 했던 것 같고 책을 읽었었고. 그리고 거의 뭐 집, 병원, 집, 병원 그랬던 것 같아요.

애 낳고 나서는 직장에 못 다녔고.

면담자　　　그러면 아이들이 태어나서, 어느 정도 성장해서 가족들의 평일 일상은 어떠셨는지? 일화가 있으면 말씀해 주세요.

수현 엄마　　시끄럽죠, 뭐. 저희는 일화가 많아 가지고. 저희는 슈퍼를 가도 넷이 다 같이 가는 걸 좋아해요. 그리고 아빠가 너무 바빴어요, 남편이. 이제 큰애가 6살 때 미술학원에 갔는데 아빠가 돌아가셨다고 한 거예요. 그래서 선생님이 전화를 하셨어요, '혹시 아버님이 돌아가셨냐'고. 그래서 제가 남편한테 얘기를 했죠, "아이들이 필요로 할 때 옆에 있어라"고.

면담자　　　아빠가 너무 안 보이니까.

수현 엄마　　네. 아침에 일찍 일어나서 회사를 가고, 늦게 애들이 자고 난 다음에 늦게 들어오고, 애들이 일어나기 전에 회사를 가니까 큰애가 아빠가 돌아가셨다고 한 거예요. 그때 제가 심각하게 남편한테 "아이들이 필요로 할 때 옆에 있어줘야지. 당신이 아이들 필요로 할 땐 품 다 떠나고 없다" 이제 그 말에 충격을 받았는지, 그전에도 틈틈이 시간이 되면 아이들하고 잘 놀아주긴 했는데, 마음만 그렇지 시간 자체가 현실적으로 안 되니까. 그런데 [아빠가] 정말 많이 노력했어요, 그다음부터. 그래서 저희가 부산 쪽 빼놓고는 아마 전국을 다 돈 것 같아요. 유적지나 박물관, 이런 곳은 빼놓지 않고 다. 주말은 거의 집에 없고 여행을 많이 다녔어요, 아이들하고. 그래서 일화가 굉장히 많죠. 〈비공개〉 같이 놀러 다니면 거의 아빠가 누나를 업고 수현이는 저랑 손 붙잡고 다니고 그렇게 해서 주말에는 거의 놀러 다녔고.

평일에는 ○○이랑 수현이랑 연년생이라 좀 많이 다퉈요. 티격태격 굉장히 많이 했었는데 늘 학교 갔다 오면, 그때는 제가 맞벌이를 안 했으니까, 학교 갔다 오면 서로 말하려고 막 싸워요. ○○이가 먼저 말하면 "누나 조용히 좀 해봐. 나도 엄마한테 말 좀 하게" 이러면서 둘이 서로 말하고 싶어서 싸우고, 정말 시끄럽고. 그리고 수현이가 컵을 하나 쓰고 놓고, 하나 쓰고 놓고, 그래서 제가 '컵 귀신, 수건 귀신'이라고 수현이한테 그랬던 게, 수건도 한 번 쓰고 놓고 막 여러 개가 나와 있어요. 수현이한테 늘, 제가 맨날 '컵 귀신, 수건 귀신'이라고 그랬었고. 그리고 어렸을 때, 남편이 바빠가지고 한번은 제가 아이들을 늘 집에만 데리고 있을 수가 없어서 둘을 데리고 친정 동생하고 화랑유원지에 놀러 가서, 뛰어놀잖아요? 다 놀고 오는데 택시가 안 잡히는 거예요. 아이들은 뛰어놀고 피곤한데. 일요일이었는데 남편한테 "좀 데리러 올 수 있냐?"고 그랬더니 "회사 일이 너무 [많아서] 안 끝났다"고 그래서 보도블록 같은 데 택시가 안 잡혀서 앉아 있는데 ○○이 [저한테] 기대서 자고, 수현이도 ○○이에 기대서 잠이 든 거예요. 한 30분 이상 넘게 걸려서 택시를 잡았는데, 둘 다 택시에서 자다가 집에 다 와서 깨웠는데 ○○이가 자는데 수현이도 잠을 못 깨[우]잖아요. 그때 수현이가 다섯 살이었어요, ○○이가 여섯 살이었고. 근데 수현이가 "엄마, 누나 업어"라고, 자기는 걸어서 갈 수 있다고 그래서 큰아이

업고 큰길에서 수현이 손잡고.

그만큼 수현이 되게 의젓했거든요. 그때부터 누나 잘 챙기고. 싸우기도 많이 했는데. 그리고 야자[야간 자율학습] 같은 걸 할 때, 아이들 고등학교 때는 제가 일을 했었으니까, 제가 못 데리러 가거나 아빠가 못 가면 수현이가 누나[를] 데리러 가서 가방[을 대신] 들고 와서, 둘이 애인이라는 오해도 많이 받고, 남자 친구라고. 수현이는 저를 완전히 닮고, 누나는 아빠를 많이 닮아서 그런 오해도 많이 받고, 연극부 할 때 선생님이 실수로 그렇게 오해한 적도 있었고, 그래서 친동생이라고 친구들이 얘기해 준 경우도 있었고. 하여튼 늘 시끄러웠던 것 같아요. 조용했던 적은 없어요. 둘이 투닥거리기도 많이 했고 저도 "니네 또 싸워?" 이러면서 소리도 지르고 혼내기도 하고. 많이 시끄럽죠, 다른 집하고 똑같이. 그런데 여행많이 다닌 거는 지금 생각해도 잘한 것 같아요. 그래서 남편이 그렇게 많이 노력해 주고 이래서 저는 '지금처럼만 살았으면 좋겠다' 늘 그렇게 생각하고 살았었어요, 그때. 제가 제일 행복했던 때였던 것 같아요.

면담자　　고등학교 가면 아이들이 학교에서 보내는 시간도 많고, 그리고 어머니도 일을 하셨다니까 그때는 어떤 일상이셨나요?

수현 엄마　　아빠가 아침에 일찍 가요. 7시면 출근하니까 남편 보내고 제가 일이 아침에 일찍 가는 일이 아니고 늘 오후에, 아이들 방과 후에 시간이 되어야 시작을 하니까. 수현이가 잠버릇이 이불을 사방에 둘러놔요. 베개도 하나 꺼내놓는 게 아니라 여러 개를 꺼내놓고, 이불도 사방에 여러 개 너저분하게 하고 그러고 자거든요. 그래서 깨워놓으면, 그 이불 사방에 펼쳐져 있으면 "이눔 시끼야, 또 이렇게 어지럽게 해놨다"고 "너, 정리하고 가" 이렇게 소리도 지르고 그러면, 수현이가 미리미리 안 해요. 누나는 늘 미리미리 하고 나가는데 수현이는 늘 헐레벌떡이거든요. 그래 가지고 "너, 늦어" 그러면 "아! 엄마, 그런 소리 좀 하지 말라고! 저, 알거든요?" 이렇게 짜증 내고 헐레벌떡하고 계단을 정말 온 동네가 떠나가도록 헐레벌떡 뛰어가요. 그게 다 들려요, 3층에서. 저희 집이 3층이었는데. 그래서 제가 "저눔 시끼, 또 저렇게 정신없이 간다"고. 제가 막 정신없었죠, 아침에. 큰애는 원래 차분해 가지고 늘 일찍 준비하고 나가는데 수현이는 늘 헐레벌떡.

그리고 산이 있어요, 뒤에. 저희 집 뒤에 단원고 넘어가는 산이 있는데 "너, 거기 넘어가지 마, 위험하니까" 이러면 늦게 가면 거기를 꼭 지나가는 거예요. 아이들이 산을 가로질러 가면 빨리 갈 수 있으니까. 그래 가지고 맨날 잔소리를 했던 기억이 나요. "너, 산에 그렇게 지나가지 마! 거기 위험해!" 맨날. 그러면 들키는 게, 비 오는 날 넘어가면 흙이 묻어 있잖아요. 그러면 "이눔 시끼, 또 엄마 말 안 듣고 산으로 갔다"고 혼나기도 하고. 늘상 똑같이 정신없어요, 아침에는. 밥 먹고 나가기 바쁘죠. 그런데 저희 집에 철칙이 '아침 안 먹고는 학교 못 간다'예요. 무조건 한 숟갈을 떠야지, 한 숟갈이라도 떠야지만 학교를 가게 어렸을 때부터 그렇게 시켜가지고 아무리 바빠도 아침을 먹고 가야 돼요. 그러면 한 숟갈, 두 숟갈 먹고 진짜 헐레벌떡 가는 거예요. 아래층에 친한 이모가 있는데, 수현이 어렸을 때부터 봐온 이모가 수현이 학교 가는지 늘 알아요. 왜냐하면 막 정신없이 뛰어내려서 1층을 가니까. 그래서 온 동네가 저희 수현이 학교 가는 거 알 정도로(웃음) 너무 시끄럽게 내려갔죠.

면담자   '○○이는 갔는지도 모르는데 수현이는 지금 가는구나' 하셨겠어요.

수현 엄마   네. ○○이는 벌써 가고 없죠, 저희 수현이만. 그것도 깨워가지고 "일어나" 해가지고 깨워서 챙겨서 보냈었죠. 근데 좋은 점은, 제가 바빠서 교복을 못 빨아놓잖아요. ○○이는 절대 안 돼요. 입었던 걸 절대 입고 가지 않아요. 헐레벌떡 빨아서 다림질하고 드라이 말려서 줘야 하는데 우리 수현이는 "엄마, 괜찮아. 또 입지, 뭐" 그리고 툭툭 털어서 그냥 입고 가고, 그런 건 너무 좋죠.

면담자   장단점이 있네요.

수현 엄마   네(웃음), 장단점이 있어요.

면담자   아무래도 여자애들은 교복이 좀 지저분한 것도 싫으니까.

수현 엄마   네, 잠깐 입었던 것도 벗어놓으면 절대 다시 입지 않으니까. 여자애라 깔끔하긴 한데 그렇게까지 할 필요 없을 것 같은

수현 엄마 이영옥

데(웃음). 하여튼 그런 면에서는 수현이가 털털했죠. 제가 좀 편했죠, 그런 건.

5
주말 가족 여행에서 있었던 일화들

면담자   그럼 주말에 여행 많이 다니셨을 때 특별히 기억에 남는 일화가 있으신가요?

수현 엄마   있죠. 저희가 공주, 부여를 1박 2일로 부소산성부터 시작해서 공주박물관까지 다 돌았어요. 근데 부여는 콘도가 없더라고요. 그때 저희가 숙소를 예약 안 하고 가는 경우도 되게 많았는데 "이번 주는 어디 가자" 이렇게 생각을 해도 가서 잘 수 있으면 자고 [집에] 돌아올 수 있으면 돌아오는데, [부여에서는] "자자" 이래서 콘도 같은 걸 찾는데 못 찾았어요. 금강을 기준으로 구도시고 신도신데, 이쪽에는 모텔 같은 숙소들이 굉장히 많이 [있었고] 새 건물이 많았거든요. 그래서 "1박 하자" 그래서 다 돌고 나서 1박을 하는데, [숙소를 찾는데] 콘도 같은 게 없으니까 아이들 데리고 모텔 가는 게 좀 조심스럽잖아요. 그래서 손님이 없는 깨끗한 모텔로 들어가서 "저희가 콘도를 못 찾아서 그런데 아이들 있으니까 조용한 방으로 달라" 해서 들어갔는데, 정말 엄청 큰 거품 욕조가 있는 거예요. 그래 가지고 식구들끼리 다 이제 거품 목욕을 한 거예요, 같이 넷이. 거품 목욕을 했는데.

이제 그거 말고, 정말 [부여에서] 한지 같은 거로 문양도 찍어보고, 제기도 차고, 도자기도 만들고 정말 활동한 게 많았거든요? 그리고 산성 길 따라서 걷고 아빠랑 가면서 가위바위보도 하고 때리기도 하고 서로 장난도 치면서 아주 긴 길을 걸어간 것도 있는데[걸어가기도 했는데] 아이들이 갔다 와서 그것만 쓴 거예요, 일기에다가. '거기에 갔는데 큰 욕조가 있어서 거품 목욕을 했다. 정말 좋았다. 너무 좋았다. 다시 또 가족들이랑 다 같이 목욕하고 싶다' 이렇게 쓴 거예요. 그래 가지고 이거 너무 힘들게 시간 투자하고 돈 투자하고 감정 노동까지 다 해서 힘들게 여행을 다녀왔는데 아이들이 일기에다 그것만 써서 너무 속상한 거예요, 제가. 근데 나중에 5학년 때부턴가 사회 시간에 국사를 같이 했어요, 초등학교 때. 근데 아이들이 그거를, 유물 본 것을 다 기억하고 있더라고요. 그래서 '내가 아깝게 생각한 게 잘못됐구나'(웃음) 다 기억을 하고 있더라고요. 그때 진짜 너무 웃음이 나왔어요. 다른 건 하나도 기억 못하고 목욕했던 것만 기억을 해가지고.

면담자   되게 재밌고 충격적이었나 봐요?(웃음)

수현 엄마   네. 이게 계속 거품이 일어나는 욕조니까 애들이 신기했었나 봐요. 너무 넓어서 아이들이 수영할 정도로 넓었거든요. 그리고 다 같이, 가족이 다 같이 가족탕 같은 데를 가지 않는 이상은 다 같이 목욕을 할 수 없는데 이제, 되게 좋았던 거죠. 그때가 1,

2학년? 그때쯤이었던 것 같은데, 어렸을 때였는데. 어떻게 보면 가족들이 같이 목욕하는 게 쉬운 기회도 아니고, 또 어떻게 보면 아이들이 커서 안 될 수도 있었던 것 같은데, 너무 자연스럽게 잘했어요.

면담자   한국에는 그런 공간이 별로 없으니까요.

수현 엄마   네, 가족탕 같은 곳을 따로 예약해서 가야 하니까. 그래서 아이들한테 그게 되게 인상적이었나 봐요. 그래 가지고 굉장히 좋아했어요.

그리고 경주에 갔을 때는 저희가 숙소를 예약을 안 하고 갔는데, 즉흥적으로 가는 경우가 있으니까. 숙소를 아이들 수학여행 가는 숙소를 빌린 거예요. 그런데 [방 크기가] 여기서부터 저만 해요. 여기 이 앞에서부터 저렇게 넓은데 수학여행 기간이 아니라서 정말 저렴하게 5만 원에 자게 된 거예요. 근데 아이들이 너무 넓으니까 저기서부터 여기까지 후다닥 후다닥 이불을 갖고 미끄럼 타고 왔다 갔다 뛰어다니는 거예요. 너무 좋다고, 넓어서. 그래서 경주에서 진짜 많은 곳을 돌아다녔는데(웃음), 또 숙소 그것만 생각이 나는 거예요, 너무 크고 넓고 좋으니까. 이불도 많죠. 사방에 깔아 놓고 미끄럼 타고 놀고 막 이러고. 그것도 갔다 오니까 또 다 기억은 하더라고요. 아이들이 보는 것들이 있어 가지고.

면담자   아이들답네요(웃음).

수현 엄마   네, 진짜로 많이 그랬어요. 그거랑 이제 경찰박물관을 갔어요. 그런데 수현이가 너무 심각한 표정을 짓는 거예요. 그래서 "왜 그래?" 내가 그랬더니 수현이가 이렇게 [나가자고]. 그, 몇 층 건물이에요, 경찰박물관이 서울에 있는데. 그래 가지고 [데리고] 엄마랑 밖으로 나가자고. "왜? 왜 이렇게 심각해? 왜 안 보고?" 그랬더니, "엄마 무섭기도 한데"[라면서] 자기가 2학년 때, 그때는 5학년 때였어요, 수현이가. 자기가 처음으로 도둑질이란 걸 해봤는데 누나 목걸이에 펜던트를 달아주고 싶어서 요만한 걸 하나, 친구한테 얘기를 안 하고 들고 나온 적이 있대요. 그래 가지고 "엄마, 경찰 아저씨가 날 잡아가면 어떡하지?" 이렇게 얘기를 하는 거예요. 그래서 "아니야, 수현아. 이거 엄마한테 얘기해 줘서 정말 고마워. 그때 얘기를 하는 게 맞는데, 지금이라도 얘기를 해줘서 너무 고맙다"고 "근데 다 용서해 줬을 거야. 괜찮다, 그거는" 그렇게 얘기한 적이 있었어요. [수현이가] 너무 심각한 얼굴로. 그래서 안도하고 나서 다시 들어가서 경찰박물관을 다 보고 나온 적이 있어요.

면담자   5학년 때까지도 되게 순수했네요.

수현 엄마   네, 그때까지도 굉장히 순수했어요. 저희 아이들이 한 3학년 때까지는 산타 할아버지가 있다고 믿었는데 선물 놓다가 들키는 바람에 이제 안 믿게 됐죠. 그 이전에는 산타 할아버지가 늘 있다고 알고 있었으니까. 들켰어요. 선물 기다린다고 안 잤는데, 자는 줄 알고 아빠가 놓다가 큰애가 아는 바람에 들통이 나가지고. 큰애가 다 수현이한테 얘기해 가지고 "아빠야, 선물 놓는 사람" 그래 가지고 들통이 났죠. 그 전까지는 다 믿었어요.

면담자   어떤 기분이었는지 들어보고 싶네요(웃음). "그때 어떤 기분이었니?" 이렇게요.

수현 엄마   그러면서 조용히 오면서 "엄마, 나 산타 할아버지가 누군지 알아. 아빠가 놓던데, 선물을?" 이렇게 얘기하더라고요. 그래서 '아, 들켰구나'.

면담자   저도 3학년 때까지밖에 안 믿었던 것 같아요.

수현 엄마   저희 애들도 그때가 3학년, 4학년, 그랬었던 것 같아요, 수현이가.

면담자   그쯤 되면 슬슬 알아야죠(웃음).

수현 엄마   네(웃음).

면담자   어렸을 때 많이 여행 다니셨던 기억들 말씀해 주셨는데, 아이들이 커서는 공부하니까 바쁘긴 했겠지만 그래도 혹시 주말에 같이 여행을 다니셨나요?

수현 엄마   진짜 바빴어요. 커서는 많이 못 놀러 갔던 것 같아요. 저희가 늘 매년 여름휴가를 외할머니 모시고 이모들하고 사촌들이랑 같이 다녔었는데, 수현이 고등학교 1학년 때 여름휴가 간 게 마지막 가족 여행이었어요.

면담자   하긴 요즘 애들이 너무 바쁘니까요.

수현 엄마   여행 갈 때쯤에 중학교가, 연년생인데 ○○이랑 수현이가 중학교가 달랐어요. 저희가 여행 가려고 계획 짜면 ○○이 중간고사랑 수현이 중간고사가 다르니까 꼭 겹치는 거예요. 그래 가지고 여행 갈 기회가 많지는 않았죠. 그래서 ○○이 고등학교 2학년 때였는데, 제가 홍콩으로 처음 해외여행을 갔어요. 근데 그때 ○○이랑 같이 가게 됐는데 수현이한테 같이 가자고, 방학 기간이어서 같이 가자고 그랬더니, 수현이가 안 간다고. 가족끼리 가면 가는데 제 친구들하고 아이들 데리고 같이 갔었거든요. 제 지인, 친구들, 아이들하고 같이. 그러니까 자기는 안 가겠다고 그래서 아빠하고 둘이 있었고 저는 ○○이랑 홍콩을 갔다 왔고. 그때 못 간 게 너무 아쉬워요. 수현이 데리고 우겨서 제가 억지로라도 데려갔어야 되는데, 그게 좀 많이 마음에…. 해외여행 한 번도 못 간 것도 마음에 걸리더라고요. 그래서 마음이 너무 아팠어요. 어떻게 해서라도 데려갔어야 하는데, 안 가더라고요.

면담자   그게 좀 쑥스러우니까.

수현 엄마   네. 크면서 좀 그런 것들, 낯가림이 생기더라고요. 그 전에는 괜찮았는데, 어렸을 때는. 그래서 큰애하고만 갔다 왔어요.

면담자   여행을 안 다니셨던 주말에는 가족들이 어떻게 지내셨나요?

수현 엄마   그냥 집에서 각자 각자 할 일?

면담자   아, 너무 바쁘니까.

수현 엄마   네. 그리고 저는 이제 수업이 고등학생이 있으면 제가 주말에 수업을 해야 해서, 저는 밥해놓고 주말에 갔다 오고, 대신 영화 같은 거는 가족끼리 보러 다니고 또 슈퍼 갈 일 있으면 넷이 또 다 같이 갔다 오고.

면담자   아, 다 커서도요?(웃음)

수현 엄마   네, 저희는 수현이 고등학교 들어가고서도. 그리고 제가 슈퍼에서 시장 보다가 배달할 정도가 아니면 수현이한테 전화를 해요. "수현아, 엄마 시장 봤는데 무거워" 이러면 겨울에 잠바도 안 입고 반팔에 잠바 들고 막 뛰어나와요. "아! 엄마, 빨리 전화하지 힘든데 여기까지 들고 왔다"고 자기가 다 들어다 주고. 수현이가 좀 다정다감하거든요. 그래 가지고 [수학]여행 가기 전까지도 팔짱 끼고, 둘이 다닐 때 팔짱 끼고 다니고 그랬어요. 그리고 지가 엄마 어깨에다 손 올리고, 거의 애인같이 그렇게, 그렇게 다녔어요. 누나하고도 그러고 다녔어요.

면담자   그러니까 오해를 많이 받았나 봐요, 선생님도 오해하시고(웃음).

수현 엄마   네(웃음), 둘이 안 닮아가지고.

면담자   수현이는 아빠랑 설악산도 가고 그랬다면서요?

수현 엄마   네, 둘이 같이. 재욱이랑, 걔는 다른 학교 앤데 ××

라고 하는 친구도 데리고 관악산도 아빠가 같이 가고, 수현이 친구 데리고 관악산도 갔고. 아빠랑 설악산은 매년 갔었죠. 저희가 참사 끝나고 설악산 한 번 갔었는데 마음이 너무 아프니까 그다음에 가기가 싫더라고요. 그래서 한 번 누나랑 저랑 아빠랑, 수현이랑 갔던 데[를], 애 아빠가 가고 싶다고 그래 가지고 한 번 갔다 왔었어요, 셋이.

6
수현이를 키울 때의 교육관

면담자   수현이가 크면서 수현이는 꿈도 많았고, 좋아하는 것도 많았잖아요. 근데 수현이가 생각하는 것과 어머니가 생각하시는 교육관이 다를 수 있잖아요. 어머니는 수현이를 키우실 때 어떤 것을 중요하게 생각하셨는지 여쭤봐도 될까요?

수현 엄마   저는 좀 약간(웃음), 물론 공부[를] 되게 중요시 여겼죠. 근데 저희 집은… 제가 늘 아이들한테 강조했던 거는 몸 건강한 거, 마음 건강한 거, 그다음에 공부 열심히 해야 된다고. 왜냐면 "각자 각자의 길에서 엄마는 너희들 열심히 보살피고 사랑해 주고, 열심히 일하는 게 중요하듯이 너희는 학생이니까 열심히 공부하는 건 기본이다. 대신 그 전에 제일 중요한 게 몸 건강, 마음 건강이다. 몸만 건강해선 안 되고 마음도 건강해야 돼. 공부 잘해도 소용

없어, 몸 건강 안 하고, 마음이 건강 안 하면 공부 잘하는 거 소용없어. 엄마는 그걸 원하는 게 아니야" 늘 말은 그렇게 했었는데 마음 건강하고 몸 건강하니까 욕심이 생겼죠, 제가.

그래서 왜 이렇게 공부 안 하냐고 많이 닦달했죠. 그래서 "엄마는 공부했어, 너도 해. 난 깔 수도 있어, 성적표 깔 수도 있어" 이래 가면서 아이들을 많이 푸시[닦달]했죠, 제가, 많이. 남편도 공부에 욕심이 있는 편이라 많이 그랬었는데, 제가 지금도 늘 그렇지만, 제가 좀 더 성숙한 엄마였다면 좋은 부모가 되는 교육을 받고 아이들을 출산했을 것 같아요. 그래서 지금 저희 딸한테도 늘 얘기해요. "엄마는 너무 서툴렀다, 엄마 노릇 하는 게. 시행착오를 너무 많이 겪었어. 시행착오를 내가 많이 겪지 않았다면 너희가 훨씬 잘 자랄 수 있었는데, 엄마가 시행착오를 너무 많이 겪어서 너희가 더 잘 클 수 있었는데 그렇게 못 했다"고. 그래서 제가 제일 후회되는 게 그거라고, 부모 되는 연습을 좀 하고 아이를 낳았으면 더 좋았을 텐데. 저도 시행착오를 겪다가 수현이 중3 되어서야 그걸 알았어요. '이게 공부가 다가 아니구나'.

그래서 여행 같은 걸 많이 다녔어도, 제가 늘 공부는 중요하다고 아이를 닦달했기 때문에 중2 때까지 제가 수현이한테 "너 왜 이렇게 아무 생각도 없이 살아. 이제 고등학교 들어가야 하는데 너 나름대로 생각해야 되지 않겠어? 너무 생각 없이 사는 거 아니야?" 제가 막 닦달했죠. 그때 수현이가 저한테 한 말이 "엄마는 왜 이렇게 급하게 그걸 얘기해. 엄마 기다려줘, 날. 그러면 내가 생각을 해

39

1회차

서 결정하고, 결정된 게 있으면 엄마한테 얘기할게. 나를 좀 더 기다려줘"라고 얘기를 하더라고요. 그래서 제가 너무 몰아친 것 같아서 이제 기다렸는데, 제가 성격이 급하니까 가만히 기다려준 게 아니라 "뭐, 생각 좀 했어? 얘기 좀 해봐" 이렇게 한 거죠, 제가. 그러면 수현이가 "엄마, 얼마나 됐다고 그걸 또 물어봐? 좀 진득하니 기다려주세요" 이렇게 저한테 말을 했어요. 제 딴에는 굉장히 많이 됐다고 생각하고 한 달 있다가 "뭐, 생각했어?" 이렇게 물어봤죠. 그랬더니 수현이가 "아! 참 엄마는 성격 급하시다"고 그래서 그걸 좀 더 길게 잡아서 한두 달 정도 있다가 제가 또 "이제 생각이 좀 나야 되지 않아?" 이렇게 하다 보니까 중3이 됐죠.

그런데 어느 날 자기[수현이]가 "엄마가 기다려줘서 고맙다"[고] 하면서 자기가 [계획표를] 가지고 왔는데, 자기가 어떻게 살지에 대해서 계획을 세워서 갖고 왔더라고요. 그래서 "그래? 그러면 가자" 그렇게 해서 바로 일어학원에 등록을 시키고 바로 신디사이저 사주고. 그 전에, 신디사이저는 그 전에 사줬던 거 같아요, 중2 때쯤에. 그때 사주고, 대신에 공부 열심히 하는 조건으로 사줬죠. 그러고 나서 중3 때 바로 일어학원 방학 때 데리고 가서 [등록했죠]. 진짜 제가 수현이가 음악 빼놓고 그렇게 열심히 하는 건 처음 봤으니까. 수현이가 글씨를 날아가듯이 써요(웃음). 정말 날아가요. 그래서 글씨 날아가게 쓰는 것 가지고도 저한테 많이 혼났어요. 글씨가 이게 뭐냐고. "글씨는 남한테 전달하는 기능이 있는데 이렇게 하면 전달을 할 수가 없잖아. 남이 못 알아보면 그게 무슨 소용이야" 제가 막 그랬거든요. 근데 글씨를 그렇게 예쁘게 쓰는 거예요, 일어를. 학원에 가가지고 선생님한테 칭찬 들었대요. "어쩜 이렇게 예쁘게 쓰냐?"고.

그리고 애가 예습, 복습을 다 해 가니까. 수현이 사전에 예습, 복습은 없거든요. 근데 예습, 복습을 다 해 가는 거예요. 그래서 저한테 진짜 칭찬 많이 들었죠. "너 너무 멋져. 이렇게 열심히 하는 모습 진짜 멋지다"고. "수현이한테 이런 면이 있다니" 하면서 제가 진짜 칭찬을 남발하듯이 많이 했죠. 근데 그것 말고도 어렸을 때부터 저희 아이들이 칭찬을 많이 듣고 자라긴 했는데도 그때 칭찬에 비할 게 아니라, 그때 다 해줬던 것, 그 두 달 사이에 다 해줬던 것 같애요, 어렸을 때부터 [할 칭찬] 다 모았던 거를. 그때 진짜 칭찬 많이 받았죠. 그래서 정말 '이대로 밀어주면 되겠다' [생각했었고] 그리고 [수현이랑] 약속한 게 방학 때 일본 여행하고 싶다고 해서 일본 여행을 보내주겠다고 했어요. 원래 혼자 가고 싶어 했어요. 근데 위험하니까 "세상이 이렇게 위험한테 어떻게 혼자 가?" 했는데 보내주겠다고 제가 약속을 했죠. "그러면 네가 이렇게 하고 싶은데 보내주겠다" 그래서 방학에 일본 여행 보낼 계획이 있었죠, 여름방학 때. [수현이는] 수학여행 갔다 와서 방학에 일본 여행 갈 생각으로, 그래서 보내줄 약속을 제가 했었는데, 못 갔죠.

면담자   수현이가 되게 침착하고 결정하면 되게 열심히 하네요.

수현 엄마   네. 한번 결정하면 정말 너무 열심히 했죠.

면담자   어머니가 해주신 말씀 중에 엄마한테 기다려달라고 말을 했다는 게 기억에 남는 게, 엄마가 자기 교육관을 밀어붙일 때 아이들이 위축되고 그럴 수 있는데 수현이랑 어머님은 관계가 되게 좋았나 봐요.

수현 엄마   관계는 굉장히 좋았어요.

면담자   그러니까요. 엄마가 그렇게 했을 때 자기 의견을 내고 기다려달라고 말할 수 있다니 정말 멋있네요.

수현 엄마   저한테(웃음), 애가 5학년 때, 제가 뭐 할 때 이렇게 툭 치고 "이눔 시끼" 하고 때리잖아요. 근데 어느 날 수현이가 제 손을 딱 잡고는 "어머니, 이제 때릴 나이는 제가 아닌 것 같습니다" 그러더라고요. 그래 가지고 순간 제가 "아! 네, 미안합니다" 그러고 나서 '아 그래, 이제 때릴 나이가 아니구나, 그래 미안하다' [생각하고] 그다음부터는 제가 "손 들어, 이눔 시끼야" 그랬죠.

면담자   그게 어른스럽다는 의미가 아니라 뭔가, 저는 [수현이가] 아버지한테 썼다는 항의서?

수현 엄마   네(웃음). 항소장 썼죠.

면담자   저는 그거 보고 어린 나이에도 그런 생각을 할 수 있다는 게 되게 귀엽기도 하고 재밌기도 하고. 그냥 불만만 가지고 있었을 수도 있는데 그거를 부모님께 표현하는 그런 게, 되게 좋아보였어요.

수현 엄마   우리가 진짜 자기감정을 내놓고 잘 표현은 했어요, 다른 건 잘 모르겠는데. ○○이도 그렇고 수현이도 자기표현은, 잘 표현해요, 자기 생각을. 지금 큰애도 너무해 가지고 어떨 땐 제가 스트레스받을 때 있을 정도로 자기주장이나 생각들을 딱 얘기하는 편이에요, 둘 다.

면담자   그게 저는 좋은 방향이었던 것 같아요.

수현 엄마   그런데 제가 그렇게 되기까지 시행착오를 많이 겪으면서 아이들이 많이 힘들었죠. 지금도 딸아이가 "엄마는 왜 가끔 말하는 게 그때랑 지금이랑 달라?" 저한테 얘기할 때가 있어요. "그때는 엄마가 젊어서 사물을 보는 시각이 그랬는데, 그래도 지금은 나이 들어서 엄마가 이렇게 바뀐 거지, 인생을 겪으면서 바뀐 거야. 그러니까 좀 이해해 줘" 제가 그럴 때가 있어요. "너도 이렇게 나이가 들면 엄마처럼 뭔가를 볼 때 사고나 이런 것들이 바뀔 거야" 제가 그렇게 얘기할 때가 있어요. 그런데 제가 그때 더 현명했으면 아이들이 이렇게 고생을 안 했죠. 그런데 많이 고생했어요, 저 때문에. 제가 성격이 급하고 막 몰아치고 이런 게 있어서 많이 스트레스를 받았죠. 안 받았을 수는 없죠. 그래도 막 "공부해라, 공부해라" 했으니까.

면담자   그 당시에 어머님의 '공부를 열심히 해야 한다'라고 아이들을 몰아치는 교육관에 영향을 준 게 어떤 것들이 있었는지 여쭤볼게요.

수현 엄마   저는 솔직히 제가 공부를 되게 많이 하고 싶었던 사람인데, 물론 잘하지도 못했지만 가정 형편이 어려워서 저는 학교를 다 마치지 못했거든요. 근데 우리 아이들은 풍족하잖아요. 물론 그렇게 넘쳐날 정도는 아니지만, 아빠가 직장생활 하면서 충분히 두 아이는 키울 수 있고, 아이들이 공부를 한다고 하면 끝까지 지지를 하고 경제적으로 도움을 줄 수 있잖아요. 그런데 안 하는 게 화가 나더라고요. 저는 '[나도] 그랬으면 내가 잘할 수도 있고 더 많이 공부할 수 있었는데' 이런 생각이 있으니까 '[아이들이] 공부를 좋아했으면' 하는 마음이 많았죠. 그리고 다른 부모님들 다 똑같이 생각하듯이 저도 똑같죠. '공부를 하면 살 때 더 쉬운 길로 갈 수 있다'라는 그 뿌리 깊은, 한국 사람들만이 느끼는 뿌리 깊은 인식들이 저한테도 있으니까 제가 그렇게 생각을 했던 거죠.

  그런데 제가 나이 들어서 공부를 하다 보니까 제가 좋아하는 걸 하니까 너무 좋은 거예요. 그리고 잘할 수 있고, 제가 좋아하는 걸 하니까 행복하고. [그걸] 제가 느끼니까 '아, 아이들이 좋아하는 걸 해야 되는구나. 그래야 잘할 수 있구나' 이렇게 생각이 바뀐 거죠. 그래서 그다음부터는 "너네가 좋아하는 거 해. 그래야 행복해" 이렇게 바뀐 거예요. 제가 그 전에 그걸 미리 알았다면 '공부해, 공부해' 이렇게 안 했을 텐데, 그러고 나서 이제 아이들 마음을 이해할 수 있게 된 거죠, 제가 공부를 하면서. 그래서 지금도 똑같아요. "네가 좋아하는 거 해. 잘할 수 있는 거 해".

44

면담자   ○○이한테?

수현 엄마   네, ○○이한테도. 그래서 "공부하기 싫으면 공부하지 마", 물론 공부했으면 하는 마음은 있지만 얘가 공부 안 한다고 할 때 '안 해도 된다'라고 지금은 생각할 수 있죠, 전하고 다르게. 아마 옛날 같았으면 "공부해" 이랬을 거예요, 당연히. 그거는 많이 바뀐 것 같아요.

면담자   공부를 하라고 몰아치긴 하셨지만 '수현이가 이걸 했으면 좋겠다' 그런 강요는 안 하셨나 봐요? 간혹 그런 부모님들이 계시잖아요. "네가 뭐가 됐으면 좋겠다, 네가 뭘 했으면 좋겠다" 그런 걸 강요하지는 않으셨나 봐요.

수현 엄마   저는 어렸을 때도 원래 "네가 좋아하는 걸 해" 말은 이렇게 했었는데 대신 아울러 공부도 잘했으면 했던 거죠, 제 욕심에. 그래서 수현이가 음악한다고 할 때, 음악이 솔직히 쉬운 길은 아니잖아요. 그리고 또 하는 사람은 많은데 성공하는 사람들이 많지 않으니까. 근데 수현이가 음악하고 싶어 했을 때 제가 거기다 단서를 달았죠, 공부도 열심히 하는 단서. 제가 생각했을 때 고등학교 때까지 교육이 일반적인 하나의 인간으로 살아갈 때 가장 기초적인 교육이라고 저는 생각을 [하는데] 지금도 똑같거든요, 그 생각은. 그것까지는 잘 이수를 해야 한다고 생각해요, 저는. 그래서 고 과정은 잘 마쳐야 된다고 늘 생각을 했기 때문에, 잘 마쳐야죠, 수현이가. 그래서 그거는 늘 해야 된다고 했는데 거기다 플러스

"네가 하고 싶은 것은 해도 돼"였어요.

면담자   어쨌든 학생이니까 학생답게.

수현 엄마   네. 본분은 지켜야 된다고. 그런데 수현이가 공부를 열심히 안 했어요. 제가 막 '공부해, 공부해' 이런 거에 비해서는. 대신 제가 이렇게 생각이 바뀌기 전까진 시험을 못 보고 오면 혼났어요. 제가 생각이 바뀌고 나서는 안 혼내키죠. "야, 이눔 시끼야. 좀 해라" 이렇게 하죠. 그래서 수현이가 "엄마, 우리 집은 참 이상한 집이야. 다른 집은 공부 못하면 혼난다는데, 우리 집은 밥을 안 먹으면 혼나" 뭐 이렇게 얘길 했었죠.

면담자   밥을 안 먹어도 혼내셨어요?

수현 엄마   혼나요. 저희는 밥이 되게, 제가 밥을 중요하게 생각해서 밥 안 먹고 가면 되게 혼나요.

면담자   ○○이가 몸이 좀 약해서 그래서 더 그러셨나 봐요.

수현 엄마   네, 약해서. 그런데 수현이도 막 이렇게 살찌고 이러지 않고 마른 편이에요. 그래서 제가 먹거리에 진짜 많이 신경을 썼는데, [몸에] 좋다는 것들 [애들이] 안 먹으면 요리 변형시켜서 먹이고 진짜 많이 노력을 했어요. 근데도 ○○이는 약하더라고요, 그렇게 먹거리에 신경을 많이 썼는데도. 그래서 제가 안 먹으면 혼을 냈죠. 그래 가지고 "우리 집은 참 이상해. 다른 집은 시험 못 보면 혼나는데, 우리 집은 안 먹는다고 혼내켜" 막 그랬어요, 수현이가.

면담자　　그래도 어머니가 잘 챙겨주서서 맛있는 거 많이 먹었겠네요.

수현 엄마　　근데 일하느라고 바쁘단 핑계로 많이 못 해준 경우도 많았었죠. 제가 대신 신경을 쓴다고 썼었는데, 그래서 바깥 음식 잘 안 먹였어요. 라면 같은 것도 잘 안 먹이고. 근데 제가 그렇게 키웠는데 또 수현이는 밖에 음식 막 먹어요. 편의점 김밥 같은 거, 저는 한 번도 사 먹여본 적이 없는데 친구들끼리 가서 삼각김밥, 라면, 스팸. 저는 스팸을 1년에 하나를 해줄까 말까였는데 수현이 막 스팸 구워가지고요, 이제 선물 들어온 걸 제가 가끔 부대찌개를 일 년에 한두 번 정도 해주니까 [찬장에] 넣어놓으면 그걸 구워가지고 빵에 넣어서 먹으면, 저한테 혼나요. "이눔 시끼! 몸에도 안 좋은 거, 스팸을 막 구워서 먹는다"고 저한테 엄청 혼나요. 그리고 수현이는 단 걸 좋아해서 딸기잼을 퍼먹어요. 그래서 제가 수현이 보는 데서 이렇게 들고 딸기잼을 버렸어요, 싱크대에다. 그냥 먹지 말고 빵에 발라 먹으라고 그냥 먹으면 너무 다니까. 그리고 콜라도 수현이가 너무 좋아해요. 저는 음료수를 잘 먹이지 않는데 수현이는 콜라를 그렇게 좋아했어요. 그래 가지고 치킨 먹으면, 수현이는 또 치킨도 좋아하거든요, 그 콜라 한 병을 다 먹을 정도로. 왔다 갔다 왔다 갔다 하면서 콜라 한 병 1.5리터를 하루에 다 먹어서 그래서 진짜로 혼났어요, 저한테. "너, 왜 이렇게 안 좋은 걸 그렇게 먹냐고! 엄마가 먹지 말랬는데 이눔 시끼 자꾸 먹는다"고 저한테 혼났죠.

면담자   엄마들은 다 몸에 안 좋은 거 먹는 거 싫어하시니까.

수현 엄마   네. 그런데 너무 좋아해요, 콜라 같은 거를. 그래서 그런 것 때문에 싸웠어요. 나중엔 공부하는 걸로 싸운 게 아니라 안 좋은 먹거리 때문에 제가 좀 많이 혼냈죠. 그래서 아빠가 상추를 10장을 먹으라고 그랬나? 뭐 하여튼 그렇게 먹으면 10만 원을 준다고 그랬어요. 20장인가 10장인가. 근데 수현이가 한 장을 먹고요, "엄마, 나 10만 원 안 받을래" 이렇게 포기를 했어요. 야채를 너무 싫어해 가지고. 아빠가 그렇게 공약을 했는데도 안 먹는 거예요. 그래 가지고 야채 먹으라고 많이 했었죠. 고기 좋아하고, 야채를 싫어했어요.

면담자   전형적인 고등학생 남자아이 식성인 것 같아요.

수현 엄마   네, 똑같아요. 근데 제가 그렇게 안 먹여서 그랬는데 [키웠는데도, 수현이는], 좀 다르더라고요.

면담자   학교를 가면, 친구들을 만나면 같이 돌아다니니까.

수현 엄마   네. 먹고 이러니까, 학원 다닐 때 같이 사 먹고 이러니까. 그래서 제가 햄버거를 안 좋아하거든요. 근데 우리 딸아이도 안 좋아하는데 우리 수현이는 햄버거도 좋아해요. 그래서 그렇게 안 좋은 음식들 많이 좋아해서 저랑 많이 싸웠어요.

면담자   그러면 수현 어머니의 교육관은 '어머니가 못 해봤던 거를 우리 아이들은 했으면 좋겠다' 이런 마음이었는데, 세상 돌아

가는 일들, 어머니는 계속 공부도 하시고 또 아이들 가르치는 일이나 사회활동도 하시고 그랬으니까, 가정에만 계셨던 어머님들보다는 여러 정보들을 많이 접하셨을 것 아니에요? 보통 사회 돌아가는 일이나 아니면 수현이가 음악을 하고 싶어 했고 일어를 열심히 공부해서 일본어로 현실적인 어떤 직업을 가질 수 있다, 그런 정보 같은 것을 어머니가 어디서 얻으셨는지 알 수 있을까요? 입시 정보나 세상 돌아가는 일들. 뉴스를 많이 보셨다 거나….

수현 엄마　　그런데 너무 부끄러운 게, 저는 저 살기 바빠서 그런데 관심을 둔 적이 별로 없어요. 그러니까 제가 생각하는 저의 인생관이나 가치관은 제가 그냥 정직하게 살면, 남한테 피해 안 주고 내가 남 속이지 않고 정직하게 살면 다 같이 잘 사는 건 줄 알았어요. 그래서 남 안 속이고 제가 진짜 정직하게 살았고, 혹시라도 제가 잘못 살면 아이들한테 나쁠까 봐 정말 이런 조그만 휴지 같은 것도 길에 버린 적이 없어요. 그래서 어떻게 해서 주머니에서 흘러서 떨어지면 제가 그것도 주워 왔거든요. 그래서 저희 아이들이 늘 가방에 그런 종잇조각들이 주머니마다 있었어요. 저희 아이들은 안 버리거든요. 그래서 늘 주머니에 있거나 가방에 있거나 그래요. 그래서 오면은 "엄마, 애들 너무 이상해. 가다가 쓰레기를 버리고 가" 이렇게 할 정도로 저희 아이들도 그렇게 컸거든요. 저도 그렇게 살았죠. 세상 돌아가는 일이나 제가 사회에 뭔가를 참여해야 한다거나 이런 거는 잘 몰랐고, 제가 끊임없이 뭔가를 배우도 그 좋아해요. 그러니까 YWCA에서 제가 계속 뭔가를 배 그렇게 그래서 거기에 기 저도 정도만 했지 사회에 크게 뭔가를 기여하고 이런 것에 대해서는 한 번도 생각해 본 적이 없었던 것 같아요. 그냥 '내가 잘살면 되지. 내가 정직하게 남한테 피해 주지 말고 잘살면 그냥 사회도 다 잘살아지겠지' 이렇게 생각을 하고 살았던 게 진짜 나중에 참사 겪고 나니까 너무 부끄럽더라고요.

면담자   모든 사람이 그렇게 생각하면 정직한 사회, 깨끗한 사회일 거예요.

수현 엄마   네. 근데 안 그렇더라고요. 내가 참사 겪고 나니까, 제가 되게 잘못 살고 있었더라고요.

면담자   그럼 수현이가 학생이고 ○○이도 학생이니까. 그래도 부모이다 보니까 입시나 그런 정보는 좀 궁금하시잖아요. 그런 정보는 어디서 얻으셨는지?

수현 엄마   학교에서 설명회 하면 학교 설명회도 가고, 학교에서 입시설명회 같은 걸 해줬어요, 그때. 그래 가지고 입시설명회 가고, EBS 같은 거 보고. 그다음에 솔직히 수현이가 알아서 제[에게] 알려주는 것도 많았고 또 딸아이가 어디에서 듣고 알려주는 것도 많았고. 제가 큰애가 [대]학교 갈 때 도움을 하나도 못 줬어요, 입시에 관심 둘 시간이 없어 가지고, 그때 막 [세월호] 활동할 때라서. 그래서 저는 좀, 아이들이 더 저한테 도움을 줬던 것 같아요. 제가 어디 가서 정보를 얻어가지고 온 것보다도, ○○이하고 수현이가 저한테 알려준 게 더 많았죠. 그리고 지인이 거의 아이들을 가르치는 분들이다 보니까 그분들한테 듣는 것들도 있었고. 학교에서 특히 그렇게[특별히 주선해서] 한다고 하면, 아까처럼, 설명회 가는 정도나 있었지, 딱히 제가 정보를 얻으려고 굉장히 노력하고 그러지는 않았던 것 같아요. 기회가 주어지면 가는 거였고.

면담자   그런 믿음이 있으셨나 봐요. '아이들이 열심히 하면' 그 당시에 세상에 대한 믿음이죠. '아이들이 열심히 하면 잘될 것이다'.

수현 엄마   네. 제가 되게 많이 긍정적인 사람이거든요. 그냥 별로 걱정 안 했던 것 같아요. '그냥 뭐 지네가 원하면, 그냥 원서 쓰고 가면 되지' 이렇게 막연하게 생각했던 것 같아요. 근데 그게 너무 몰라서 그랬던 것 같아요. 제가 막 입시에 관심이 많아 가지고 '어떻게 어떻게 하면 잘 가더라' 이걸 알았으면 저도 극성맞게 많이 알아보고 이랬을 텐데, 그냥 막연하게 너무 모르니까 '그냥 원서 쓰고 지가 가면 되지' 이렇게 생각했던 것 같아요.

면담자   그래서 아이들이 자기 꿈을, 하고 싶은 걸 오히려 더 잘 찾을 수 있지 않았나 싶기도 해요.

수현 엄마   그거는 잘 모르겠어요. 근데 제가 일관성 있게 [교육을] 한 게 아니라, 막 이랬다 저랬다, 막······.

면담자   그래도 뭐가 되라고 하진 않으셨잖아요.

수현 엄마   그렇게는 아닌데 하여튼 제가 이렇게 일관되게 좋은 엄마는 아니에요, 막 이랬다가 저랬다가. "기다려줄게" 했다가도 뭐가 막 올라오면 "아직 안 끝났어?" 이렇게도 했다가 이래서. 좋은 엄마라고 자신은 못 하겠어요. 그냥 늘 노력만 하고 살았던 것 같아요.

7
4·16 이전의 정치관과 사회관

면담자　　어머님이 말씀해 주시는 거 들으면, 워낙에 정직하게 사셨으니까, 사실 정치에도 크게 그전에는 관심이 없으셨을 것 같긴 한데….

수현 엄마　　저는 무슨 당이 있는지도 몰랐어요.

면담자　　그럼 투표는 하셨는지?

수현 엄마　　투표는 꼭꼭 했죠.

면담자　　그럼 어떤 성향으로 하셨는지.

수현 엄마　　저는, 되게 잘못된 생각이었는데 지금도 후회가 되는 게 뭐냐 하면 저희 아가씨가, 그러니까 남편의 여동생하고, 남편 남동생의 부인이죠, 동서가 무슨 얘기가 나왔었는데 신문 얘기를 했었어요. 근데 ≪중앙일보≫하고 ≪동아일보≫하고 ≪조선일보≫[에 대해서] "보면 안 된다. 영혼을 파는 일이다. 거기 사은품 껴줘서 신문을 영업하는 건 절대 보면 안 된다"고 그러면서 "그런 상품에 내 영혼을 파는 거랑 똑같다"고 우리 아가씨가 얘기를 했었어요. 그러면서 진보 교육감 뽑아야 된다고 얘기했을 때, 저는 진보 소리도 잘 이해를 못 했어요. 그래 가지고 나는 그냥 늘 중용하듯이 너무 급진적인 것도 아니고 너무 보수적인 것도 아니고, 가운데 있으면서 서로한테 좋은 그거를 택해야 된다고 그렇게 생각을 했던 거예요, 너무 몰라가지고. 근데 제가 ○○이가 입시, 고3에 올라가면서 입시 준비를 해야 되니까 신문을 ≪한겨레≫로 바꿨어요. 그러면서 조금씩 이제 '어떤 신문을 읽어야 될까' 생각했을 때 그래도 최소한 ≪동아일보≫, ≪조선일보≫ 이건 아니다 싶어 가지고 ≪한겨레신문≫을 보게 된 거죠. 근데 그때 제가 아가씨한테 "나는 너무 진보적인 것도 싫고 너무 보수적인 것도 싫은데"[라고] 내가 했던 거, 제가 발등을 찍고 싶더라고요.

그때 제가 관심이 있어 가지고 많이 접했으면 또 의식이 많이 바뀌어 있었을 텐데. 그때도 그렇게 관심이 잘 없었고, 이명박 때 소고기 파동 났을 때, 광우병 파동 났을 때 '잘못됐다'라고 생각은 했죠. 제가 먹거리에 또 관심이 많은 사람이다 보니까, 촛불은 들 수 없었지만 최소한 잘못된 거라고 생각은 할 수 있었는데 제가 실천하는 힘이 없었던 거죠. 뭔가 가서 촛불을 들고 이러한 실천력이 없었던 것에 대한 자책을 많이 했었어요, 참사 겪고 나서.

그리고 나서 탱크에 그 아이들… 효순이 미선이. 그때 정말 가고 싶었어요. 제가 자식을 키우다 보니 그런 마음이 있었는데 그때도 실천력에서 제가 딸렸거든요. 그래서 늘 그런, 너무 몰라도 그런 거에 대한 관심은 있었는데, 정치는 많이 등한시했던 것 같애요. 그래서 제가 서명[을] 받으면서 느낀 건데 "이거 정치적인 거예요?" [하고] 물어봐요, 시민분이. 그러면 [그분이] "정치적인 거면 서명 안 할래요" 이러듯이, 저도 좀 옛날의 시각은 노조 한다고 그러면, 어렸을 때부터 제가 교육을 그렇게 받아서 무슨 '빨갱이' 막 이렇게 제가 교육을 받았고 들었거든요. 그래서 노조활동을 하면 안 되는 것처럼 제가 [생각이] 있었거든요, 뭔가 '겁나는 거' 이렇게 생각을 했었거든요. 그 안에 또 싸움이 있고 이러니까. 그랬는데 그때까지도 저는 그렇게 생각을 하고 살았죠. 그런데 이제 참사 겪고 나서, 이게 꼭 필요한 활동이라는 걸 참사 겪고 나서 알게 된 거죠. 그래서 그때는 진짜, 제가 왜 그렇게 모르고 살았는지 너무 많이 후회됐었어요.

면담자　　　바쁘게 사셨으니까.

수현 엄마　　　근데 어떻게 보면 그건 핑계더라고요. 제가 이 참사 있고 나서 제가 활동하다 보니까, 저만 바쁘게 산 건 아니거든요. 저보다 훨씬 바쁘신 분이 많은데도 그렇게 사회적으로 참여하면서 사시는 분들이 다 그러시잖아요. 너무 부끄러운 거예요, 제가. 너무 이렇게 사회를 모르고 '그냥 나이만 많은 어른이지 진짜 어른이 아니었구나' 이렇게 알게 되니까 수현이한테도 너무 부끄러운 엄마 같고 너무 자책 많이 하고 부끄러웠죠. 지금도 물론 똑같지만, 너무 부끄러웠어요. 그래서 많이 바뀌려고 노력을 많이 했죠, 제가.

지금도 잘 안 되긴 하지만.

면담자   투표 같은 거 하실 땐 어떤 방향으로?

수현 엄마   저 같은 경우에는 그랬어요. 그러니까 이것도 섣부른 생각이죠. 만약에 노무현 정권이 했잖아요? '그러면 한 번이라도 또 정권이 바뀌어야지만 이게 새롭게 맞춰진다'라고 생각을 했던 거죠. 근데 이게 진짜 너무 잘못된 생각이잖아요. 그래서 그것도 많이 후회했어요. 너무 잘못 알고 있었던 것 같아요, 그런 부분에 대해서.

면담자   그럼 한 번은 이쪽을 찍어주시면 한 번은 이쪽을 찍어주시고 이렇게.

수현 엄마   네. 그런데 이제 계속 김대중 대통령, 노무현 대통령, 그다음에 정말 제가 이명박을 뽑았다는 게 (한숨) 손을 진짜… 이명박을 뽑았죠. 그러고 나서 안 뽑았죠, 다행히 박근혜를 안 뽑았죠. 박근혜를 뽑았으면 제가 손을 잘라야죠. 그래도 박근혜는 진짜 안 뽑았죠. 근데 이제 주위에 동생이, 간호사인 동생이 굉장히 진보적인 성향이고 정치에 관심 많은 동생이 있었고, 그리고 공부 모임에 또 그런 진보 성향이 있는 동생이 있어서 그때쯤에는 제가 들었었죠, 박근혜가 어떻다는 걸 다 알고 있었고. 둘 다 팟캐스트 같은 걸 다 듣고 있는 아이들이었거든요. 그래서 그런 정보들을 저한테 다 알려줬었죠. 그래서 박근혜는 그때 알아서 안 뽑았죠.

면담자   그 스터디 모임에서 많은 정보들을 얻고 계셨네요
(웃음).

수현 엄마   지금은 이제 그 안에서 정치도 얘기하고 비판도 하
고, 되게 많이 사회적인 이슈를 가지고 많이 대화를 하죠, 공부 얘
기도 하지만. 그래서 되게 좋아요, 만나면.

면담자   자주 만나셔야겠어요(웃음).

8
수학여행 준비부터 수현이를 데리고 올 때까지

면담자   어머니 이제, 계속 마음 아픈 기억을 꺼내주셨지만,
좀 더 마음 아픈 말씀을 드려야 될 것 같은데요. 수학여행 준비부
터 수현이를 다시 만나서 집으로 데려오기까지에 대해 여쭤봐야
될 것 같아요. 수학여행 준비하실 때, 혹시 출발 전에 여러 가지 있
었잖아요? 설문조사도 했었고. 그런 거 어느 정도 어머니가 수현이
하고 얘기하고 알고 계셨는지 좀 여쭤볼게요.

수현 엄마   수현이가 수학여행 간다고 신청서를 가지고 왔는데,
처음에 수현이가 "별로 안 가고 싶다" 그랬어요. 그래서 "수현아,
그래도 학교 다닐 때 추억인데 한번 가봐야 하지 않을까?" 그랬더
니 "아, 나 별로 안 가고 싶은데" 하더라고요. 그래서 "그럼 어떻게
해, 안 가? 이것도 수업의 연장인데 한번 가보는 건 나쁘지 않아"

이랬더니 "가겠다"고 그래서 제가 동그라미 표시를 해서 보냈고. 그다음에 이제 배로 갈 건지, 비행기로 왔다 갔다 할 건지, 배로 갔다 비행기로 올 건지, 배로 갔다 배로 온다고 했었던가? 그 설문지를 수현이가 학교에서 가지고 왔었어요. 그래서 수현이가 한다는 소리가 "엄마, 친구 중에는 돈이 없어 수학여행 못 가는 애가 있는데, 나는 돈 걱정 없이 수학여행 가니까 난 정말 행복한 거야" 이렇게 얘기를 했었어요, 수현이가. 그래서 "그래, 다행이다. 근데 못 가는 친구는 되게 속상한데, 어떻게 하지?" 이렇게 그런 얘기를 했었거든요.

근데 수현이랑 그 얘기를 하고 나서 수학여행 준비를 하는데, 둘이 가서 옷을 샀어요. 수현이한테 봄이니까 가디건 같은 거랑 바지랑 그런 것들, 이것저것 많이 샀는데 수현이가 기분이 많이 좋았죠. 새 거, 이것저것 사가지고 준비를 하고 제가 이제 가방을 [수현이한테] "가방 니가 싸봐" 그랬더니 "엄마 나 가방 잘 못 싸겠어, 엄마가 싸주면 안 돼?" 제가 그래서 "이눔 시끼, 몇 살인데 엄마한테 싸래!" 이러면서도 제가 또 "여기 한꺼번에 오늘 갈아입을 거랑 속옷이랑 한곳에 이렇게 [넣어]났어"[라고 챙겨줬어요]. 근데 수현이가 중학교 때 돈을 잃어버리고 왔었어요, 수학여행 가서. 그래서 캐리어 [안에 돈을] 여기에는 얼마 넣고, [저기에는 얼마 넣고] 뭐 이렇게 나눠서 수현이랑 분산해서 [챙겼어요]. 이제 아빠한테 용돈 받은 것도 있고 이러니까 수현이가 "엄마, 나 중학교 때 돈도 잃어버렸으니까 아빠한테 용돈 받은 거랑 엄마한테 받은 거 다 안 가지고 가고, 엄마 좀 있으면 생일이니까 엄마 생일 선물 사줄 거 남겨놓고 갈 거야" 그래서 수현이가 용돈에서[을] 다 안 가지고 가고 제 생일 선물 사줄 거를 놓고 갔어요, 집에다가. 그래서 수현이 지갑에 아직도 그게 그대로 있거든요.

그리고 이제 준비하고 제가… 우리 아이들 4학년인가부터 절대, 학교에 준비물을 안 가지고 가면 안 갖다주는 게 원칙이었어요. "너네 이제 충분히 가져갈 수 있는 나이니까, 엄마가 이제 학교에 가져다주는 건 없어. 안 가져가면 네가 책임져" 그리고 이제 전화해서 "엄마 나 뭐 안 가져왔는데, 안 가져오면 혼나" 그래도 "몰라. 엄마 안 갖다주기로 했으니까 엄만 못 갖다줘. 분명히 엄마가 얘기했어. 너네한테 양해도 다 구했어. 끝이야" 그리고 안 갖다줬어요. 그러니까 ○○이는 워낙 잘 챙겨 가는데 수현이가 깜박깜박 뭘 잘 안 챙겨 가거든요. 이제 나중엔 전화도 안 해요. 그래 가지고 "너 어떻게 했어?" 그러면 "아유, 한 대 맞으면 돼, 청소하면 돼" 이랬어요. 그렇게 안 가져가고 청소하고 오고. 초등학교 때부터 그러니까 중학교 때는 아예 안 가져가면 맞거나 청소하고 오거나 한 번 싫은 소리 듣거나, 뭐 이렇게 하고 왔거든요.

근데 그날, 뭘 안 가져갔어요, 수현이가. 멀미약, 멀미약을 안 가져가서 제가 "사다가 주겠다"[고 했어요], 수현이가 뱃멀미할까 봐요. 그러고 나서 제가 가지고 학교에 가서 수현이가 저 보고 막 뛰어 내려왔는데, 거기 잠깐 서서 뭘 선생님한테 얘기하는데 "엄마가 뭐 갖고 오셨다"고. 그래서 제가 주면서, 그때는 처음 제가, [4학년]

그 이후로 한 번도 갖다준 적이 없는데 그때 처음으로 제가 갖다줬죠. 수학여행 가니까 기분 좋게 보내려고. 그날도 [수현이가] 서둘러 나갔는데 제가 꾹꾹 참았어요, 싫은 소리 안 할라고, 먼 길 가니까. 그래서 그때도 기분 좋게 "재미있게 놀다 와, 추억 많이 쌓고 재밌게 놀다 와" 그리고 올라가는 게 수현이 마지막 모습, 그때 본 게 마지막이었을 거예요(눈물을 참으며). 제가 본 마지막 모습이었고, 그러고 나서 카톡 계속했죠.

수현이가 "엄마, 출발 안 한다고 하다가, 안개 때문에 출발 안 한다고 하다가 이제 출발해요" 이렇게 카톡이 와서 "위험하지 않을까? 괜찮을까? 출발한대?" 이렇게 제가 카톡 보냈는데 "출발한대요" 그러길래 "조심해서 잘 갔다 와" 이렇게 하고. 그러고 나서 애 아빠 회사 가고, 제가 [밤]늦게까지 공부하는 버릇이 있어 가지고 아침에 출근시키고 저는 잠깐 잤어요. 왜냐면 오후에 수업에 가야 되니까 수업 준비하고 잠깐 잤는데, 동생한테 전화가 왔어요. 저는 뉴스를 못 보고 잤으니까. 10시 안 됐는데 동생한테 "언니, 단원고 애들 수학여행 갔는데 배가 침몰하고 있다고 뉴스에 떴다"고 "언니 알고 있냐?" 그래서 너무 깜짝 놀라서 뉴스를 틀었더니 뉴스에 그게 나오고 있더라고요. 그래서 애 아빠한테 전화했는데, 애 아빠가 전화하다 말고 끊는 거예요. 그래서 저는 쓰러진 줄 알았어요, 애 아빠가 너무 놀래가지고. 근데 애 아빠가 그 전화 끊자마자 바로 집으로 와서 제가 애 아빠랑 바로 단원고로 갔죠. ○○이도 단원고 거든요. 학교에서 조퇴를 했더라고요. 저희가 강당에 갔는데 ○○

이가 저희를 보고 와서 뉴스 화면에, 뉴스가 있었는데… 뉴스에 이제 "전원 구조했다", "오보다", "전원 구조했다" 이렇게 오락가락하고 있을 때, 애 아빠가 "내려가자, 내려가서 데리고 올라오자"고 그래서. 아니다, 그때까지는 오보가 아니었던 것 같아요. 전원 구조했다고 했던 것 같아요.

그래 가지고 애 아빠랑 애 아빠 차를 가지고 직접 운전해서 ○○이를 데리고 저희 단지에 같이 [사는] 슬기, 10반에 슬기 엄마랑 같이 갔죠. 학교에서 버스 대절하기 전에 저희는 벌써 내려갔어요. 근데 애 아빠가 이제 어떻게 밟고 갔는지를 모르게[모를 정도로 자동차 속도를 냈어요]. 하여튼 계속 수현이한테 카톡도 하고 전화도 하고 [그래도] 연락이 안 되는 거예요. 근데 너무 아쉬운 게 지금도… 이제 애 아빠한테 수현이가 전화를 했는데 애 아빠 회사 사람하고 수현이 통화가 동시에 들어온 건데 수현이 게 안 되고 회사 사람 게 전화가 돼버린 거예요. 그래서 바로 아빠하고 전화를 계속했는데 안 받아요. 너무 불안하죠, 마음이, 전화가 안 되니까. 그래 가지고 "왜 연락 안 되냐?"고 "엄마 불안하다"고 "빨리 전화하라"고 카톡하고 나서, 애 아빠랑 가면서 "근데 애가 젖어 있을 텐데 옷 같은 걸 안 가져가서 어떻게 하지?" 그 얘기 하면서 "아, 뭐 사서 하나 입히지" 그러면서 갔어요, 그냥 데리고 올 생각에. 근데 가다가 이제 MBC 라디오를 듣고 가는데 [구조 소식이] 계속 왔다 갔다 하는 거예요. 그니까 마음이 더 불안하죠. 근데 동생이 YTN에 [화면을 캡처해서 보내줬는데], 지금 걔가 생존자 누군지는 모르겠는데, 정말 우리 수현이하고 너무 비슷한 거예요. 제가 마음이 간절해서 그런지 수현이로 보이는 거예요, 걔가. 캡처를 해서 카톡으로 보내줬는데, 딱 우리 수현인 것 같은 거예요. 손 이렇게… 수현이가 아빠 손 닮았는데, 저 닮았으면 얄쌍하니까 손이 딱 보면 특징이 있거든요, 수현이 손 특징이. 근데 딱 보니까 수현이 손 같은 거예요. 그래 가지고 "아! 우리 수현인 것 같다, 구조가 됐나 보다"고. 그래도 한쪽으론 불안[해] 하면서, 연락이 안 돼서 불안하면서도 그 사진 보고 우리 수현이 같으니까 또 한쪽에는 좀 안도되는 마음, 막 이렇게 희비가 교차되면서, 되게 불안하게[해 하면서] 갔는데(눈물을 글썽이며).

근데 진도체육관에 갔는데 생존자 명단에 우리 수현이가 없어요. 그때 언니한테 전화가 왔었거든요. 그래서 "언니, 우리 수현이 이름이 없다"고 그랬더니 언니가 "거기 말고 딴 데 있을 수도 있으니까 차근차근 찾아보라"고 그래서 체육관 안에 들어가서 그 여자애한테 "선생님 어디 있냐?"고, "선생님 어디 있냐?"고 그러니까 저기 계시대요. 근데 그 여자 선생님이 누군지를 모르겠어요, 아직도. "다른 애들은 어디 있냐?"고 제가 그랬더니 "배를 해[구해]가지고 구조해서 다른 배가 들어온다"는 거예요. 그 얘기 듣자마자 저희는 팽목항으로 갔죠, 차 끌고. 그러고 나서 하염없이 기다리는데 배가 안 들어와요. 근데 지성이 언니가 거기 있길래, "배가 안 들어온대? 아줌마가 들었는데 체육관에서, 아이들 싣고 배가 들어온다는데 얘기 들은 거 있어?" 그랬더니 "아줌마, 아니요. 지금부터 구조가 아니라 수색[이래요]"라고 했던가? "지금부터 수색하는 거래요" 아이가 그래 가지고 너무나 놀랐죠, 제가. 물론 불안함, 그때까지도 수현이한테 연락이 안 되니까 너무 불안해 가지고. 그다음부터는 지옥길이 열렸죠. 완전히 지옥, 그다음부터는 뭐 제가 살아 있는 게 미치게 싫더라고요. 그냥 꿈이었으면 좋겠고 그냥 악몽을 꾸는 것 같았어요. 그래서 팽목에 있는데(울음) 얼마나 춥던지. 담요를 몇 개를 제가 쌌는데도 너무 추웠어요. 근데 아이들이 거기 있다라고 생각만 하면 진짜…(한숨) 진짜 미치는 줄 알았어요(울음). 어른들이 바닷가에 앉아서 담요를 그렇게 둘러쌌는데도 그렇게 추웠는데, 아이들이 어땠겠어요, 그 배 안에서. 아, 진짜 막 지금도 생각만 해도… 너무 진짜……. 지금 기억하는 것 자체도 좀, 아, 기억 안 하고 싶어요(울음).

그래서 하여튼 애 아빠가 그곳에, 그때 팽목에 갔을 때는, 천막 하나 처져 있는 게 없었어요. 그냥 한데에 겨우 담요만 덮고 있을 수 있었거든요. 그래서 밤에 "여기선 도저히 안 될 것 같으니까 진도체육관으로 가자" [그래서] 갔는데, 지금 생각하면 그게 돼지우리죠. 돼지우리도 그렇게 안 했을 거예요. 근데 제가 그렇게 비참한 상황이라는 것도 못 느꼈어요, 아이 생각 때문에. 제가 지금 그 화면을 보면 '정말 어떻게 인간을 이렇게 취급할 수 있었을까' 분노가 느껴질 정도로 그 상황이 너무 엉망이었는데, 그때는 그렇게 엉망이었는지도 못 느꼈어요, 아이만 생각했기 때문에. 그래서 너무 아이 생각밖에 안 하니까 입에 들어가는 게 있겠어요, 잠은 잠대로 못 자죠, 체육관 뒤숭숭하죠, 울고불고 난리죠, 그냥 아수라장이에

수현 엄마 이영옥

요, 아수라장. 거기 사람이 있다고 생각을 못 하고.

그리고 이제 팽목 갔다 진도체육관 갔다 팽목 갔다 진도체육관 갔다 했었는데, 저는 거의 실신 상태로 있었고 애 아빠가 형부랑 제부들하고 왔다 갔다 했었고, 저는 거의 누워 있었고. 그리고 막 싸워요. 뭔가 나오면 막 싸움을 조장하는 사람들이 있고, 뭔가 모여서 의논할 것 같으면 저기서 싸움 만들어서 혼란스럽게 하고. 그런 것들이 계속 반복되고 며칠이 지났는데 아이들이 안 나와요. 그때 제 기억으로는 YTN이었던 것 같은데, 누군지를 제가 잘 기억을 못 하겠는데, 누군가 와서 "독점 촬영권을 YTN한테 줄 테니까 그 배 있는 곳에 가서 다 찍어서 독점으로 방송해라, 단독 방송해라" 이래 가지고 잠수부 몇 분하고 그분들이 찍으러 갔어요. 근데 다 찍어서 그거를 하여튼, 거기도 그게 틀어질 때까지 우여곡절이 많았어요. 혼란스럽게 막 의자가 왔다 갔다 하고, 트느니 마느니 그런 것들이 있었는데 나중에 그게 틀어지긴 했어요, 결국은. 방송이 됐는데 화면에, 이렇게 흐린 화면, 뭐 배 같은 것들이 있는데 잠수사가 들어가서 수중 카메라로 찍었는데… 지금 기억나는 거는, 배 옆모습 같은 그런 걸 찍어 왔는데 정확하게 보이진 않아요. 그걸 보여주다가 화면은 안 보여주고 목소리만 들려줬어요. "아이들 시체들이 둥둥 떠다닌다"고. 근데 그게 파란색인지 분홍색인지 다 분간이 된다는 거예요. 근데 아이들을 안 꺼내줘요. 그렇게 다 보인다는데, 잠수부가 들어가서 다 찍고 왔다는데 아이들을 안 꺼내줬어요. 그래서 '이게 대체 뭘까'. 근데 정말, 부모들 다 똑같죠. 진짜 지푸라기 하나라도 그게 희망이면 그걸 잡을 텐데 그때까지도 정말 '우리 수현이 살아 있을 거다'라고, 그렇게 제가 희망을 놓을 수가 없으니까 계속 그렇게 생각을 했는데, 그 아이들 그렇게 됐다고 방송에 보여주는 거예요, 소리만. 그 화면은 못 봤던, 안 틀어줬던 것 같고, 그 목소리만 제가 들었던 기억이 나고. 누군가 그 카메라를 뺏어서 도망가 버렸어요. 그래서 방송에도 나오지 않고. 누가 뺏어 갔는지는 몰라요. 근데 그 카메라를 누가 가지고 튀었어요. 그것까지는 기억이 나요.

그러고 나서 계속 먹을 거 주는 거랑, [진도체육관] 밑에서 한기가 올라왔었거든요, 4월 달에 바닥에서. 그래서 이제 박근혜가 왔는데, 와서 바뀐 거는……. 정말 꿇어앉히고 싶었어요, 걔를. 머리끄댕이를 잡고 막 흔들고 싶었는데 대통령이라는 게 뭔지, 물론 경호원이 다 쫙 깔려서 근접할 수도 없었지만, 그렇게 안 되더라고요. 머리끄댕이가 안 잡혀 지더라고요. 하여튼 대통령이 왔고… 그러고 나서 바뀐 거는 구호물자가 더 많이 늘어난 거, 그거 하나. 그리고 스크린 큰 거 하나 생긴 거. 그 외에는 바뀐 게 하나도 없어요.

그러고 나서 누군가, 팽목에서 어떤 일이 일어나고 있으면, 팽목에서 와서 누가 얘기를 해요. 그러면 듣고, 듣고 또 제가 어떻게 해야 할지도 모르겠고 늘 마음이 불안하니까. 그런 상황이었고 나중에… 나중에 진도대교 넘는다고 갔었던 것 같아요. 진도대교를 넘고, 제가 그때 3일을 거의 못 먹었거든요. 근데 어떤 기운에 일어났는지 모르겠는데, 누군가 "진도대교로 가자"고 했어요. 그래서

수현 엄마 이영옥

경찰들이, [원래] 버스 타고 가자고 했는데 경찰들이 버스 다 막고, 앞에 진압해서 다 막고 그래서 "버스 못 타면, 그러면 걸어서 가자". 또 무슨 용기가 났는지 제가 그때 아무것도 못 먹었는데 주먹밥을 하나 먹었어요. 그러고 나서 걸었어요. 근데 제가 계속 기절할 것 같은 느낌이 났는데 민폐일 것 같아서 제가 막 저를 깨우면서 그렇게 갔거든요, 잠을 못 자고 먹지를 못했으니까. 그렇게 가면서 '나 이러다가 기절하겠다' 하는 생각을 계속하면서 얼굴을 치면서 갔다가 대치하고.

그러고 나서 대치 다 끝나고 새벽에 진도체육관에 와서 그날인지 그다음 날, 진도체육관에 하얀 종이로 인적사항을 다 적어서 붙여놔요. 그리고 오늘은 몇 명이 나왔고 이런 거를 적어서 붙이는데, 한 아이가 우리 수현이하고 되게 비슷한 인적 사항이 있는 거예요. 근데 [인적 사항에] 곱슬머리가 있는 거예요, 키는 비슷한데. 수현이가 곱슬이 약간 표시 안 나게, 이렇게 끝머리가 살짝 심하진 않은데 약간 말려서 '혹시나 그걸 보고 곱슬머리라 하나?' 그래서 제가 애 아빠하고 병원에 갔죠, 목포를. 1시간을 나와서 갔는데, [아이를] 봤는데 아니더라고요. 우리 수현이가 아니에요. 그러니까 제가 얼마나… 불안했죠. 우리 수현이를 못 알아볼까 봐서. 우리 수현이를 제가 못 알아볼까 봐 너무 불안하게 갔는데, 제가[그 아이가] 수현이가 아닌 건 알겠더라고요. 거기서 아닌 거 확인하고 왔는데 밤에, 밤에 다시 여기에 뭐가 붙었는데 딱 우리 수현이인 거예요. 그 '퓨마' 팬티랑, 175센티미터랑, 어금니 다 치료한 거랑. 그

브랜드를 제가 지금 까먹었는데… '엄브로' 체육복 바지랑. 딱 저희 수현이인 거예요. 그래서 갔는데 우리 수현이더라고요. 근데 그날, 수현이 나오는 날, [그때까지] 제가 ○○이를 [진도체육관에서] 일주일을 다 데리고 있었거든요. ○○이가 계속 교복 같은 걸 입고 있으니까 엄마[들이] "너는 생존자니? 뭐니?" 물어봐요, 계속. 그래서 옷을 갈아입긴 했는데, 애를 '안 되겠다' 싶어서 이모 집에 그날 올려 보냈죠. 근데 그날에 우리 수현이가 나왔죠.

그래서 (한숨) 그다음부터는 제가 어떻게 시간이 지나왔는지 모르겠어요. 거의 병원에 장례식 내내 누워 있었기 때문에. 그리고 나서 새벽에 저희 신랑이, 어느 날 새벽에 "오늘이 자기 생일인데 축하한다고 말도 못 하겠다"고 하면서 저한테 생일이라고 얘기를 해서 제가 생일인 줄 알았어요. 수현이가 생일 선물 사준다고 지갑에 돈을 놓고 간 게 수학여행 갔다 와서 제 생일이었기 때문에. 그래서 수현이 장례식 중에 제가 생일이었어요. 그래 가지고 제가 한 2년을 "생일 없다"고 "안 챙겨줘도 된다"고 생일을 안 보냈죠. 근데 ○○이가 "엄마 그래도 엄마 생일인데 우리 촛불은 불자, 그래도 케익하고 미역국은 끓이자"고 그래서. [참사 전에는] 애 아빠가 매년 제 생일에 미역국을 끓여줬는데, 제가 이제 2년은 못 하게 하고 그다음에 우리 신랑이 "그래도 미역국은 먹자"고 그래서 그다음부터 애 아빠가 미역국을 끓여줘요, 제 생일에 다시. 그렇게 했었고. 그래서 제가 제 생일이 달갑지가 않아요. 기쁘지도 않고 별로 기념하는 날이 아니고.

수현 엄마 이영옥

그렇게 해서 이제…. 근데 제가 너무 슬퍼만 했거든요. 어떻게 해야 될지를 몰라서 장례식 중에 아무것도 제가 한 게 없어요. 애 아빠가 다… 저 때문에 장례 절차를 다 애 아빠가 알아서 했고 여동생하고 의논해서 다 해서, 저는 장지가 어딘지도 몰랐고, 어딜 선택했는지도 몰랐고, 하여튼 어떤 절차를 거쳐서 어디를 가서 이런 것들을 하나도 몰랐어요. 그냥 그 시간이 어떻게 지났는지, 그냥 악몽 같으니까, 제가 계속 악몽을 꾸고 있는 것 같으니까. 그래서 지나고 나서 그렇게 수현이가 제 품에 돌아왔을 때 너무 고마웠죠. 제가 [수현이가] 안 돌아올까 봐 너무 불안한 거예요. 이제 살아서 돌아오는 걸 바라는 게 아니고 나중에는 '죽어서 돌아와도 돌아만 왔으면 좋겠다' 나중엔 그렇게 되더라고요. 아이를 못 찾을까 봐, 그 불안함을 어떻게 말로 다 표현할 수가 없어요, 너무 불안해가지고. 근데 고맙게 돌아와 줘서.

　　장례 치르고 나서는 뭐 살아 있는 게 아니죠. 보기만 하면 울음을 터트리고, 제가 너무 슬퍼하니까 나중에 애 아빠가 "너무 슬퍼하면 옆에 있는 사람이 아무것도 못 한다"고 "같이 자기도 슬퍼하지를 못한다"고 그 얘기를 해가지고 나중에 너무 미안했어요. 제가 너무 많이 울고 힘들어해 가지고 애 아빠가 저 챙기느라고 그렇게 많이 같이 슬퍼하지를 못했거든요. 이제 그거랑 수현이가 찍은 동영상이… 장례식 끝나고 집에 돌아왔을 때 애 아빠가 수현이 핸드폰을, 장례식 도중에 그 핸드폰을 돌려받았어요. 그래서 애 아빠가 "핸드폰을 돌려받았다"고 근데 [자기가] 혹시나 싶어서 유심칩을 꺼내 봤는데… 그 메모리 카드를 봤는지 하여튼 그래서 애 아빠가 "동영상이 있더라" 그 얘기를 했고, 이제 방송에 나가게 되고 그렇게 된 거죠. 근데 제가 아직도 그걸 못 봤어요. 볼 자신이 없고 아직 용기가 안 나서 아직도 그 동영상을 못 봤고, 이제 우연히 어느 영화나 이런 데 삽입된 거 봤을 때가 너무 힘들어서 진짜 막… 그거 나올 때마다 너무 힘들어서 기절할 정도로 제가 많이 울었었거든요. 그래서 지금도 그걸 보면… 엊그제도 생각이 났는데 '아, 제가 볼 수 있을까' 그 생각이 아직도 들어요, 못 볼 것 같아서. 그래서 못 봤고 하여튼 아이가 그렇게라도 돌아와 줘서 너무 고마웠어요. 살아 있는 동안에도 저희 아들 되게 효자였거든요. 그래서 애 아빠랑 "우리 아들은 죽어서도 효자다. 엄마한테 이렇게 돌아와 줘서 너무 고맙다"고. 제가 딸아이한테도 셋이 앉아서 그런 얘기 한 적이 있어요, "너무 고맙다"고, "돌아와 줘서"(울음).

또 뭐 물어봤는지 기억이 안 나요(한숨). 근데 저희 딸이 너무 속상해 해요. "둘 다 사랑해"가 아니라 "누나 사랑해"거든요. ○○이가 "엄마, 내가 봤는데, 그거 '누나 사랑해요'야. 근데 '둘 다 사랑해'가 아니라 나 사랑한다는 건데, 왜 사람들이 그거를 '둘 다 사랑해'라고 그렇게 했는지 모르겠다"고 우리 ○○이가 아직도 속상하게 생각해요. 얘기하더라고요. 근데 ○○이는 제가 그걸 보면 못 견뎌 할까 봐 안 봤으면 했는데 ○○이는 봤더라고요. 그래서 "엄마 나는 봤어. 수현이가 그렇게 얘기하더라" 이렇게 얘기하더라고요. 그래서 저는 전해만 듣고 용기가 없어서 못 봤어요.

9

진도체육관과 팽목항에서의 상황

면담자　　　진도에 가셨을 때 아까 말씀해 주신 것처럼 '지옥도가 따로 없었다, 아비규환이다'라고 하셨는데 어떤 좀 더 자세한 기억이 있으시면, 예컨대 최근 들어서 사실로 밝혀지고 있는 것처럼 사찰이라든지, 그런 모습들, 기억나는 게 있으시면 말씀 부탁드릴게요.

수현 엄마　　　실제적으론 경찰이 잡혔고, 저희한테. 저희를 사찰하다가 잡혀서 정보과 과장이 자기 이름을 밝히는 일이 있었고. 뭐 인간의 입에서 나오는 험악한 말은 더 거기서, 제가 평생에 듣도 보지도 못한 그런 말을 거기서 다 들어봤고. 그다음에 인간의 그런 표정이, 인간들 모습에서 그런 표정이 나온다는 것도 제가 처음 봤고. 제가 살면서 한 번도 본 적이 없는 그런 표정들이 그 안에 다, 인간의 군상 안에서 이게 다 보여요. 그런 표정들이, 진짜 한 번도 본 적 없는 표정을, 저도 했겠죠, 그런 표정을. 제가 한 번도 지어보지도 못한 표정을 했을 거고, 한 번도 보지도 못한 표정들을 그 부모님들한테서 봤고, 또 그 안에 있는 사람들한테서 봤고. 그리고 끄떡만 하면 다 싸움질이죠, 뭐. 뭐가 날아다니고. 또 방송이 그렇게, 제가 눈앞에서 보는데도 거짓말로 방송이 나간다는 거, 정말 영화 보는 줄 알았어요. 어떻게 이렇게 방송이… 실제에서 일어나는 거랑 안[방송 내용]이랑 [다르다는 게], 그게 내 눈앞에서 벌어지니까 '내가 지금 영화를 보고 있구나' 이런 생각이 들 정도로 현실감이 와서 닿지 않았어요.

그리고 뭐라 그럴까… 그냥 제가 뭔가 이렇게 양식되어지는, 키워지는 동물 같다는 느낌? 사육된다는, 그러니까 먹이만 줘서 그냥 살찌워서 뭔가에 갖다 이렇게 [익숙하게] 한다는, 그런 사육된다는 느낌이 굉장히 많았어요. 그래서 애 아빠가 나중에는 "이렇게 있지 말라"고 그러면서 데리고 막 나갔었어요, 체육관 밖으로. "신선한 공기도 쐬어야 된다"고 "여기 있다가는 미칠 것 같으니까, 그리고 미칠 거다"라면서 데리고 나와서 바람 쐬게 하고 그랬어요. 그리고 이게 다, 그때 애 아빠가 '사육된다'라는 말을, 그때 애 아빠가 "다 사육되어지는 것 같다, 길들여지고 사육되어지는 것 같다, 그러면 안 된다"고 그러면서 "정신 똑바로 차려야 된다"고 데리고 나가서 바람 쐬게 하고 저한테 그랬었어요, 제가 누워만 있으니까. 그래서 그랬던 것들….

그리고 하여튼 그 자체, 체육관에 있는 분위기 자체가 그거에요, 그냥 지옥. 아비규환. 진짜 우리가 여태까지 그 들었던 인간의, 제일 나쁜 인간이 가서 제일 고통을 많이 받는 [지옥]. 그냥 말로 표현 안 해도 그 분위기가 그걸 다 얘기하고 있었어요. 그래서 '내가 지옥에 있구나' 계속 그 생각만. '이게 악몽이지, 이게 현실은 아니야. 내가 꿈꾸고 있는 거야' 뭐 이렇게 생각할 수밖에 없는 분위기였어요, 그 자체가.

면담자   그때부터 반별로 이제 모이시게 된 건가요?

수현 엄마   네. 이거[명찰] 달고. 그러니까 뭔가 이상하잖아요. 유가족 같지 않은데 어디서 자꾸 끼어들어서 뭔가를 의논하려고 그러면 방해를 하고 싸움을 만들고 이러니까, '뭔가 이상하다' 그래서 반 표시해서 반끼리 모이게 되고 그렇게 된 거죠. 그러니까 이제 좀 식별해 내기가 쉬웠죠. 그래서 만들어준 것만 걸고, 그때는 어느 반 누구 엄만지도 몰랐어요. 대신 제가 동네에서 오래 살다 보니까 아는 엄마도 있었죠. 그런데 그 외에는 누구 엄만지도 모르고 몇 반인지도 몰랐는데 이제 반끼리 모이면서 누구 엄만지 다 얼굴을 아니까, 저희가 모여서 의논할 때 모르는 사람이 들어왔을 때 색출해 내는 게 쉬워진 거죠. 그래서 의논할 때도 같이 의논하게 돼서, 반끼리 의논해서 취합해서 그게 전체 의견이 되고 이런 식으로 하게 된 거죠. 뭐 그냥은 해주는 게 없었으니까. 다 부모가 어떻게 해결하고 애원하고 화내고 붙잡고 윽박지르고 소리치고 욕하고 이래야 뭔가를 하나를 해주는 척했으니까. 하여튼 사람이, 사람이 아니죠. 이상하게… 윽박지르고 막 욕하고 해야 뭘 들어주니까 그렇게 되어가죠, 부모들이. 그래야만 뭔가 얻을 수 있게 되니까.

면담자   제가 들기로는 응급차 같은 걸 불러야 되는데 응급차도, 그 언론사 차량에 막혀서.

수현 엄마   네. 그게, 제가 입을 열 수가 없었어요. 여기에 [입주변이] 다 터가지고. 근데 뭐 소리 낸다는 자체도 그때는 제가 너무 힘들었고, 거의 먹은 게 없기 때문에 힘들었는데. 어떻게 됐는지

71
1회차

그때 제가 팽목항 갔다 진도체육관 또 왔다, 아니면 진도체육관에 누워 있지 않으면 팽목에 갔다, 이런 식으로 왔다 갔다 했었는데. 그날 이제 갔는데 정말 아이들이, 그 장비가 저쪽에서 들어와야 되는데 못 들어오는 거예요. 근데 너무 방송차가 거슬리는 거예요. 그래 가지고 "내려오라"고 이제 저희 식구들이 시작을 해가지고 부모님들 같이 난리가 났죠. "내려오라"고. 저흰 정말 때려 부술 기세였는데 애 아빠가 저보다 침착하니까 "때리는 거, 이렇게 부수는 것까지는 안 하는 게 좋을 것 같다"고. 근데 제 생각에는 부수겠더라고요, 방송차를. 우산 들고 이렇게 내려칠 뻔했어요, 유리를. 근데 애 아빠가 말려가지고.

근데 제가 처음으로 살면서 그렇게 소리를 질러본 건 처음이에요. 저는 사람한테 그렇게 소리 지른 적 없거든요. 물론 애들한테 혼내키는 건 또 다르잖아요. 사람한테 제가 그래 본 적은 처음인 것 같아요, 살면서. 그래서 "이 새끼 다 내려오라"고 "너, 이 새끼 나오라"고. 저는 '새끼'라는 소리도 정말, 제대로 욕하면서 산 적이 없는 사람이거든. 근데 저도 모르게 막 나오는 거예요, 욕이. "너 하는 짓거리 뭐냐?"고 "여기 응급차가 있어야 할 자리인데 니네가 왜 와 있냐?"고 막 정말 소리소리 질렀죠. 그때서야 소방관들하고 경찰이 나서서 바리케이드치고 다 차 밖으로, 주차장 밖으로 빼고 거기를 그때서야 정리했어요. 그게 한 3일? 3일째 되는 날인지, 날짜를 잘 기억을 못 해서, 그래서 정리가 된 거예요. 그 전에는, 우리나라 그렇게 허술한 나라예요, 아무것도 안 돼 있는 나라. 그거

해야 한다고 생각하는 경찰이나 공무원이 아무도 없었어요. 그래서 그렇게 난리를 쳐서 이제 그렇게 정리가 된 거죠. 근데 그때 제지인분이 제 모습을 보고 수현이 엄마 아닌 줄 알았대요. 제가 짐승이 울부짖는 것 같은 그런 표정이었대요, 저한테. 그래서 '어떻게 이 모습이 수현 엄만가' 하는 생각이 들 정도로 너무 달랐다고 저한테 얘기하더라고요.

그때 제일 먼저 그 차를 빼준 데가 JTBC라서, 그때 김관 기자가 와 있었거든요. 그래서 김관 기자를 알게 돼서, 거기랑 인터뷰를 하게 된 거죠. 너무 고마웠어요. 바로 "[그게] 맞는 것 같다" 하면서 [차를] 바로 빼주셨어요. 근데 그 난리를 치고 있는데도 지붕 위에서 현장 중계를 하고 있는 그 'M땡'이랑 'K땡' 이렇게 있었다고.

면담자   다 말씀하셔도 돼요.

수현 엄마   KBS, MBC, YTN 다. 제가 그렇게 소리를… 가족들이, 부모님들이 소리치고 난리 치는데도 끝까지 그 차 위에서, 중계차 위에서 방송을 하는, 그 사람들이 진짜 그렇게 방송을 했어요. 말이 안 되는 거잖아요. 그래서 '정말 이거 엉망이구나, 나라가' '어떻게 그 현장을, 응급차가 왔다 갔다 해야 되는데'. 솔직히 제가 생각할 때, 아이들을 구해서 안 올[오지 못할] 거라고 생각을 했나 봐요. 그러니까 거기에 응급차가 와 있어야 될 자리에 방송차가 그렇게 와 있었겠죠. 그러니까 아마 얘네들이 아예 알았던 것 같아요. 구해지지 않을 거라는 거. 그렇게 생각하지 않고서야 어떻게 거기 응급차 올 자리에 쓸데없는 차들이 다 와서 장비[가] 들어오지 [를] 못 하고, 차 때문에. 그거 정리할 생각을 못 한다는 게 말이 안 되잖아요. 그건 진짜 기본이잖아요. 그러니까 진짜 너무 엉망이었죠. 그때… 없었어요, 정부는. 나라가 없었어요.

면담자   그거 말고도 너무 어이없었던 일, '진짜 이런 일은 여기 있으면 안 되는데' 생각되는 일, 혹시 있으셨나요.

수현 엄마   그냥 다, 우리 사건 자체가… 이거는 정말 다 있을 수 없는 일이고 있어서도 안 되는 일이고, 믿기지도 않고 믿을 수도 없겠고. 지금도 마찬가지예요. 어떻게 한 나라의 시스템이 이렇게 엉망인지. 어디 가서 이 나라가 국가라고 얘기하는 거 정말 창피한 일이에요. 그래서 저는 정말 따박따박 양심적으로 세금 내고 양심적으로 산 시민인데 내가 보호받지 못한다는 거에 대한 분노. 그리고 제가 너무 억울하잖아요. 제가 늘 수현이한테 그랬거든요. "엄만 늘 네 편이다"고 "엄마가 어느 정도 네 편이냐 하면, 엄마가 너 죽을 때, 엄마는 자신 있게 대신 죽을 수 있다"고. 근데 제가 제일 억울했던 게 그거예요. 제가 그 자리에 있어서 제가 대신 죽을 수 있는 상황이면 [좋았을 텐데], 제가 그걸 못 했다는 그게. 아이만 혼자 그 상황에 놓여졌다는 게, 그게 너무 억울해요. 그래서 그냥 다 억울하지만 제가 특히 그게 제일 억울해요, 한탄스럽고. 제가 대신 죽을 수 있는데 그걸 못 했다는 게. 그리고 우리 애한테 너무 부끄럽잖아요, 수현이한테. 제가 자신 있게 아이한테 [대신 죽을 수 있다고 그렇게 하면서 키웠는데 제가 그렇게 시도도 못 해봤다는 거에 대한, 너무 억울해요(울음). 그리고 왜 하필이면 그렇게 멀리서, 왜 그렇게 멀리까지…(한숨). 솔직히 인천에서만 그렇게 됐어도 이렇게 까진 아닐 것 같은데(울음). 정말 모든 게 다, 뭔가 잘못된 것 같아요. 이거는, 잘못되지 않고서는 이런 일은 일어날 수 없죠(침묵).

10
수현이가 올라왔을 당시

면담자   수현이가 22일 저녁때 올라왔잖아요.

수현 엄마   예…. 아, 몇 시인지도 기억도 안 나요, 저는.

면담자   오후 6시 43분이었다고.

수현 엄마   애 아빠가 정확하게 기억하고 저는 그 기억들이, 났다 안 났다 그래요. 지금도 가끔 '내가 치매 검사를 해야 되는 거 아닌가' 할 정도로 너무 자주 깜박깜박 해가지고. 근데 저만 그런 건 아니고 부모님이 다 공통적으로 그러시더라고요, 좀 심하게.

면담자   몇 번째로 올라왔는지는 기억나시나요?

수현 엄마   번호도 몰라요. 애 아빠는 그걸 정확하게 알더라고요. 근데 저는 생각나는 게 그거, 제가 팬티를 똑같은 거를 여러 개를 사줬으니까. [인적 사항에] '퓨마' 팬티하고 '엄브로' 체육복 그리고 175센티미터라고 썼던 거랑, 그리고 이[어금니]. 근데 그때 수빈이, 7반 수빈 엄마가 자기 아들 같다고 같이 갔었어요. 그래서 내가 "아니야, 백 프로 우리 아들이야, 딱 우리 수현이야" 제가 그랬어요. 그랬더니 수빈 엄마가 [인적 사항이] 비슷하대요. 그래서 "그래 그럼 같이 가보자. 같이 보면 되지. 근데 그래도 백 프로 우리 수현이야. 똑같애 우리 수현이랑" 제가 그랬어요. 근데 수빈이는 이제 이 치료를 안 해가지고, 나중에 보니까 우리 수현이는 어금니 다 치료를 했고 수빈이는 치료를 안 해서 나중에 수빈이 아닌 걸 알아서, 수빈 엄마는 그렇게 아닌 거 알았죠. 그래서 제가 수현이한테 갔죠.

면담자   그 당시에 아이 확인하는 절차에서 또 많은 일들이 있었다고 하던데요.

수현 엄마   (한숨) 정말… 그땐 그것도 몰랐어요, 제가. 아이 봐야 한다는 생각 때문에 안 보였어요, 솔직히. 수현이가 어떤 모습으로… 그냥 수현이 보는 것만, 수현이 보는 것만 제가 생각을 해가지고. 지금 생각하면 진짜 그 차가운 바닥에 아이들…(한숨) 진짜 이거는……(침묵). 그 관계된 사람들 다 똑같이 그렇게 당했으면 좋겠어요, 저는. 그렇게 똑같이 대우받아 보고. 저희하고, 정말 덜도 말고 똑같이 당해봤으면 좋겠어요. 이런 악다귀[악다구니]가 난다고 할까요? 똑같이 당해봤으면 좋겠어요. 그리고 그 사람들 자식들도 그렇게 똑같이 당해봤으면 좋겠어요. 저희 아이들 똑같이 당했듯이, 한 치의 다름도 없이 똑같이 그렇게 당해봤으면 좋겠어요. 그러면 저희 마음을 알까요? 그래도 모를 사람은 모르겠지만, 설마 자기 자식이 그렇게 대우받고 있는데 그런 걸 좀 보면 알지 않을까요? 얼마나 저희가 억울하게, 부당한 대우를 받았는지를. 그래서 어떨 땐 기도할 때도 있어요. '똑같이 당해라' 그러고 막 악담 해요. '너희도 똑같이 당해봐야 인간들이 알지, 모른다. 똑같이 안 당하면 이거는 아무도 모른다'에요. 어떻게 공감할 수 있겠어요, 이 거를. 저희랑 똑같이 당해봐야만 아는 거지. 그래서 정말 있는 사 람들도 그렇게 똑같이 당해봤으면 좋겠어요. 뭐 물론 안 당하겠죠, 그들은. 있는 자니까. 근데……(침묵)(한숨).

하여튼 똑같이, 똑같이 당해야지만 이거는 이해할 수 있는 거 지, 제가 말로 다 표현해도 제 아픔이 제 고통이 얼마만큼이라고 다 공감하는 건 힘들 것 같아요. 물론 많은 분들이 공감해 주시죠. 근데 또 아픔이 있는 분들이 공감을 더 많이 잘해주시더라고요, 아 파 봤으니까. 근데 저희한테 별놈의 말, 별놈의 말 다 하면서 저희 아프게 했던 분들…(한숨). 아픈 사람한테 진짜 그렇게 하면 안 되 는 거잖아요. 근데… 저는 그렇게 잘못하고 산 적 없거든요. 진짜 그거는, 잘못하면서 산 적 없어요, 저. 근데 저한테 막 그… 내가 잘못 살은[살아온] 것처럼 온갖 비난을 저한테. 자식 잃은 부모들한 테 막, '시체팔이'부터 진짜 안 들어본 말 없이 제가 다 들어본 것 같아요. 진짜 도저히 상상할 수 없는 말까지 저희가 다 들었잖아요. 그래서 '이거는 인간이 아니다. 인간의 입에서 나올 수 없는 말이다. 이거는 진짜 악마지, 사람의 탈을 쓴, 사람의 입에서는 나올 수 없는 말이다' 저는 그렇게 생각을 해요, 그런 분들한테. 그래서 (한숨), 그분도 바뀌어야 되겠죠. 근데 이제는 좀 단단해진 것도 있어서, 전에보다는 덜 상처받는 것 같애요. 안에 그 상처가 다 치유된 건 아니지만 그래도 전보다는 맷집이 생겨서 '아, 그래? 너도 똑같이 당해봐' 이렇게 그냥 얘기하더라고요, 제가. '너 똑같이 당해보고 보자' 이렇게 되더라고요. 그렇게 바뀌었더라고.

면담자   수현이는 뭐 다른 거, DNA 검사나 그런 건 하지 않았나요?

수현 엄마   그것도 되게 웃긴 게요, 저희가 다 등록을 먼저 했어요, DNA 등록을 먼저 했는데 그걸 못 쓴대요. 등록을 미리 해놨는데 뭐가 잘못돼 가지고. 그것도 세금 들여서 다 등록시켜 놨잖아요. 근데 그걸 못 써가지고 다시 또 했어요. 그래서 더 시간이 걸렸어요, 수현이하고 일치되는지 확인하느라고. 제가 딱 봐도 수현이인데 검사를 또 하더라고요. 그래 가지고 그거 하는데 시간이 또 걸려서 저희가 진짜 늦게 안산으로 출발해서 왔어요.

면담자   그 전에 아이가 바뀐 적이 있어서 DNA 검사 꼭 해야….

수현 엄마   네, 네, 준영이가 바뀌어가지고. 준영이랑 준형이가 바뀌어가지고. DNA 검사해서, 그래서 굉장히 늦게 안산에 올라왔죠. 그래서 또 병원도 없었어요. 그래서 저희가 안산에 있는 병원에서 장례식을 못 치르고 시화병원까지 가서. 그때 막 아이들이 굉장히 많이 올라올 때였거든요. 그래서 저희 시화병원 가서 장례식을 치렀죠. 장례식장이 없어서.

11
장례식에서 기억에 남는 일

면담자　　아까도 말씀해 주셨지만 너무 힘드셔서 쓰러져 계시고, 아버님이 주도적으로 장례까지 다 해주셨는데, 그래도 어머니가 그 과정에서 기억나시는 게 혹시 있으실까요?

수현 엄마　　애 아빠가, 수현이가 '국카스텐'을 되게 좋아했어요. 그래서 '거울'이란 노래를. 국카스텐이 유명하지 않은, 그 당시에, 그냥 인디밴드 같은 밴드였는데 수현이가 되게 좋아하니까, 애 아빠가 제 동생 통해서 매니저하고 연락[을 통]해서 국카스텐이 너무 고맙게 장례식장에 와줬죠. 그래서 제가 고맙다고 인사를 했고, 그때 발표되지 않은, 밖에 나가면 안 되는데, 가수가 그 [미발표] CD를 저희한테 수현이를 위해서 주고 가셨고. 이제 하늘공원에도 왔다 가셨고, 너무 고마웠어요, 그분들한테. 수현이가 너무 좋아해서. 공연도 계속 초대해 주셔서 공연도 몇 번 갔었고. 그리고 너무 고마웠던 거는, 제가 거의 막…(침묵) 거의 쓰러져 있고 [그래 가지고]

그랬는데, 화장하러 갈 때, 가는데 이제 그 차에 같이 저희 장례 '연화장'으로 갈 때 운전해 주시는 기사분이 이제 애 아빠가 "[수현이가] 국카스텐을 좋아한다" 그랬더니… 아이에 대해서 먼저 물어봐 주셨어요, 기사분이. 그래서 "[아이가] 국카스텐을 되게 좋아한다" 그랬더니 너무 고맙게 가는 길에 국카스텐 노래를 틀어주셨어요. 그게 너무 고맙더라고요. 그래서 "가는 길에 들으라"고 하면서 틀어줘서 가지고, 그게 너무 고마웠어요. 그게 제일, 그 가는 동안 그래도 그게 제일 기억에 나는 것 같애요. 그분이 맘 써주신 게 너무 고마웠어요, 내내. 그래서 수현이가 마지막에 그 음악 들으면서 갔죠.

그러고 나서는, 그다음에는 별, 막 이렇게 기억이 왔다 갔다 하니까 뭐가 있었는지 잘 기억이 안 나요, 장례식장에는. 링거 꼽고 거의 쓰러져 있다시피 해가지고. 그거랑 제가 (한숨) 구호물품이 진짜 많이 나왔어요. 뭐 기업들, 후원해 준 기업들도 많았고. 근데 제가 얼마나 못됐는지 그걸 다 버렸어요. 보기가 싫었어요. 아주 그냥, 거기에서 있던 모든 거를 저는 다 버렸어요. 보기가 싫더라고요. 그래 가지고 하물며 장례식장에 그 깨끗한 담요, 그것도 다 버렸어요, 제가요. 그래 가지고 나중에 너무 잘못한 게, '갖고 와서 추우신 분들 있으면 드려도 되는데 내가 너무 생각이 짧았구나' 그거는 되게 후회가 되더라고요. '조금 모아놨다가 그런 분들 드렸으면 너무 좋았을 텐데 내가 왜 그 생각을 못 했을까' 근데 그때는 너무 그게 보기가 싫었어요. 그래서 제가 뭐에 잔뜩 딸려 오는 것조차도

수현 엄마 이영옥

너무 싫어하니까 식구들이 다 버리고 왔거든요. 그래 가지고 그게
좀 죄송했어요. 갖다가 그런 분들 드렸으면 참 좋았을 텐데, 도움
이 되셨을 텐데 좀 그렇네요.

면담자　　　　네, 감사합니다. 1차 구술은 이것으로 마무리하겠습
니다.

2회차

2019년 2월 13일

1
시작 인사말

면담자 　　　본 구술증언은 4·16 사건에 대한 참여자들의 경험과 기억을 기록으로 남김으로써 이후 진상 규명 및 역사 기술에 기여하고자 합니다. 지금부터 이영옥 씨의 증언을 시작하겠습니다. 오늘은 2019년 2월 13일이며, 장소는 안산시 단원구 4·16기억교실 협의회실입니다. 면담자는 정수아이며, 촬영자는 강재성입니다.

2
명예졸업식

면담자 　　　어머니, 저희가 이제 11일 날, 월요일 날 여기서 뵙고 이틀 만에 이렇게 뵙는데, 보통 때는 한 일주일? 간격으로 만나 뵙게 돼서 그동안 근황을 여쭤보는데. 하루 만이라 근황을 여쭤보긴 그렇지만 어제 또 큰일이 있었잖아요. 아이들 졸업식, 혹시 참석하셨었나요?

수현 엄마 　　　네, 참석하고 왔어요.

면담자 　　　어떤 그런, 좀 어머니 마음이나… 그런 걸 좀 설명해 주시면.

수현 엄마 　　　그냥 아프죠, 뭐. 표현 못 하게 아파서. 어제 그래도 제가 '아이고, 안 울 거야' 이러고 갔는데 아이들 1반부터 이름 부르니까 그냥 눈물이 저도 모르게 나더라고요. 그래서 이제 [집에] 왔는데, 제가 막 이렇게 [아픈 일에] 맷집이 생기고 단단해졌다고 얘기했잖아요, 근데 왔는데 아팠어요. 그래 가지고 제가 이제 오후에 일하는 거를 빼지를 못하고, 오전만 빼고 [졸업식에] 참석을 하고 오후 4시부터 제가 일을 했거든요. 너무 컨디션이 안 좋아 가지고 간신히 일을 마치고 와가지고 거의 드러누웠죠. 그래 가지고 어제 약 먹고 잤어요. 씻지도 못하고 그냥, 머리가 너무 아파 가지고 그냥 약 먹고 잔 것 같아요. 그래서 컨디션 많이 안 좋고. 그러니까 제가 마음적으로 단단해지려고 노력도 하고 단단해졌다고 생각하는데, 몸이 기억하는 건지 마음이 기억하는 건지 모르겠는데, 하여튼 그런 일 있고 나면 몸살같이 꼭 이렇게 앓고 지나가더라고요, 저 같은 경우에. 그래서 어제도 좀 많이 안 좋았죠.

면담자   보니까 이제 부모님들, 졸업식에 오고 싶으셔도 많이 다 오시지는 못하셨다… 아무래도 어머님 말씀대로 마음이 너무 아프시니까.

수현 엄마   네, 맞아요. 저도 '이런 게 무슨 의미가 있을까' 그런 생각을 안 한 건 아닌데. 음… 아이들 제적당했다고 했을 때 정말 안에 이렇게 분노가 느껴졌거든요. 아이들이 진짜 잘못해서 학교를 못 다닌 게 아니잖아요. 근데 그거를 그냥 지금 있는 그 법을 기준으로 해서 다 제적을 시켰대요. 그랬을 때, 그 느껴졌던 분노가 일어나면서 이재정 교육감 왔을 때 그 얘기 하는데, 정말 저도 막 소리를 지르고 싶더라고요. 이율배반적으로 말을 너무 안 맞게 얘기하잖아요. 되게 미안했다고 하면 미안할 짓을 하지 말았어야 되는데, 그때 이제 창현 아버님이 뭐라고 막 했을 때, 제 속이 다 이렇게, [이재정 교육감한테] 서운하다고 했을 때 속이 다 시원했어요. 그래서 부모님들 마음, 못 오신 부모님들 마음도 이해하고, 저같이 '이게 무슨 소용이 있어' 하면서도 또 아이들 그래도 졸업하는 모습 보고 싶어서 왔는데, 아이들 빈자리가 더 많이 느껴져 갖고 많이 힘들었고 다른 부모님들은[도] 그래서 더 많이 힘드셨을 것 같아요. 머릿속으로 계속 그 상상을 했어요. 우리 수현이가 옆에 있어가지고 같이 졸업하고 나면은, 막 그 수현이가 어떻게 행동할 건지 그런 게 상상이 돼가지고 어제 좀.

면담자   뭐 먹으러 가자 그런 얘기 하고.

수현 엄마   네. "엄마, 나 맛있는 거 사줘" 뭐 이런 거 얘기할 수도 있고, "엄마, 나 이제 졸업하고 이제 대학교 가는데, 나 선물로 뭐 사주실 거예요?" 수현이 분명히 물어봤을 거거든요. 그래 가지고 제가 대학교 입학하면 이제 양복을 사주기로 약속을 했었어요. 수현이가 워낙 양복이나 마이 같은 이런 정장류 옷을 좋아해요, 그래 가지고. 그리고 바지도 딱 달라붙게 줄여서 입는 거를 "간지난다"고, 원래 그런 말, 일본 말 같긴 한데 꼭 "간지난다" 하면서 그렇게 좋아하거든요. 아빠가 덩치가 좋잖아요. 아빠 양복 막 입고, 허리가 이렇게 큰데도 안 맞는데도 "엄마, 나 양복 입어보고 싶다"고 하면서 아빠 양복을 계속 입어보고 해서 제가 대학교 입학하면 양장, 양복을 사주겠다고 약속을 해서 제가 참사 겪고 나서 수현이 입학할 그해에 양복을 사줬죠, 제가. 해서 집에 걸어놨어요. 그리고 이제 [수현이가] 구두 같은 것도 좋아하고, 근데 제가 생각은 있는데 막 의욕이 없어요. 그래서 수현이한테 뭐도 사주고 싶고, 뭐도 사주고 싶고 이런 것들이 있었는데 못 해서, 이번 생일에 수현이 정장 구두 사줬어요. 그전에는 뭐 용돈 줄 때도 있고 그랬었는데, 이번 생일에는 제가 양복은 있어서 정장 구두를 생일 선물로 사줬죠.

면담자   그런 스타일을, 스타일리시한 그런 스타일을 좋아했나 봐요.

수현 엄마   수현이가 좀, 이렇게 딱 떨어지는 정장풍 옷을 입고 싶어 했고, 이제 마이도, 제가 그래서 마이도 몇 개 사줬죠. 그런 거 좋아해요, 수현이가 남방에 마이 입는 이런 거를. 예.

3
활동 체크리스트 참여 여부 확인

면담자   시작하기 전에 말씀드린 것처럼 4·16 이후에 시간이 4년 10개월, 1765일째 지났는데 그간 너무 많은 활동과 일들이 있었잖아요. 이게 구술증언이다 보니까 보다 정확한 증언 수집을 위해서 구술팀에서 그간 진행하셨던 활동을 시기별로 정리해 보았습니다. 그런데 정리가 된 것은 2016년도까지 되어 있고, 그 뒤에 인양 있고 이런 거는 정리가 안 되어 있어요. 그래서 우선 구술팀에서 정리한 활동을 위주로 여쭤보고, 그 이후 활동은 제가 정리해 온 내용을 좀 여쭤볼게요. 제가 하나씩 말씀드리면 우선 어머니가 그 활동에 참여하셨는지, 그 여부를 말씀해 주시면 제가 체크를 한 다음에 그 부분에 대해서 다시 여쭤볼게요. 우선 2014년에 5월 8일에서 9일. KBS 항의 방문 및 청와대를 향한 도보 시위. 이게 김시곤 전 사장이 그런 발언을 해서, "교통사고다".

수현 엄마   그때 애 아빠가 갔었죠, 저는 ○○이랑 있었고. 그러고 나서 갔다가 청와대 앞으로 갔잖아요. 그거 맞죠?

면담자   네, 맞아요.

수현 엄마   네. 그때 제가 갔고, 바꿔서. 거기서 밤을 샜어요, 애 아빠가. 그래서 낮에 가가지고 저랑 교대를 하고 저는 이제 그날 밤 하루 자고, 제가. 그리고 그다음 날 제가 또 [집으로] 왔죠.

면담자   그러면 5월 27에서 29일, 국정조사 요구하며 국회에서 2박 3일 농성.

수현 엄마   저 그때, 처음 간 날 제가 있었는데 그때 처음 거기서 자자고 그래 가지고 잤죠. 첫날, 첫날 제가 샜죠.

면담자　　　그리고 6월부터 특별법제정 천만인 서명운동. 이제 거리 서명, 전국 버스 투어.

수현 엄마　　제가 버스 투어는 못 했고, ○○이가 있으니까. 거리 서명은 거의 다 다녔죠.

면담자　　　그리고 7월 12일부터 특별법 제정 촉구 국회 농성. 119일간.

수현 엄마　　갔죠. 청와대 그… 저희 그 청운동 앞에서, 국회랑 두 군데 집회를 동시에 했어요.

면담자　　　네. 청운동은 한 달 정도 뒤고 이게 먼저.

수현 엄마　　그러면 여기 갔다가, 여기[저기] 갔다가 번갈아 가면서 자주는 못 가고 하여튼 갔어요.

면담자　　　네. 그 기억은 이따가 말씀해 주시고요. 그리고 7월 15일, 350만 명 서명지 들고 국회 청원.

수현 엄마　　네. 갔어요. 도보했어요. 안산부터 했잖아요.

면담자　　　그리고 7월 23일에서 24일. 특별법 제정 촉구, 안산에서 광화문 도보 행진 및 참사 100일 집회.

수현 엄마　　참사 100일 집회…….

면담자　　　그러니까 안산에서부터 광화문까지 걷고, 광화문에서 아마 참사 100일 집회를.

수현 엄마   간 것 같기도 하고, 안 간 것 같기도 하고.

면담자   그러면 이따 여쭤볼 테니까 그 기억나는 이미지나 하셨던 걸, 그걸 말씀해 주셔도 돼요.

수현 엄마   갔었던 것 같긴 한데. 그때 혹시 자지 않았나요, 광명에서? 광명체육관에서? 네. 저 광명체육관에서 잤으니까, 제가.

면담자   네. 그러면은 8월 15일, 특별법 제정 촉구 범국민 대회. 이때가 교황 왔을 때.

수현 엄마   갔죠. 전날 거기. 세종문화회관에서 잤으니까.

면담자   8월 22일부터 아까 말씀하신 청운동 주민센터 농성.

수현 엄마   거기는 잠은 못 잤어요. 네. 아침에 갔다가 저녁에 오는 걸 거의 일주일에 거의 다 갔죠.

면담자   네. 그럼 이제 2015년 1월 26일부터 2월 14일, 안산에서 팽목항 19박 20일 도보 행진.

수현 엄마   거기는 저 4반, 첫날하고, 4반하는 날하고 마지막 날 갔죠.

면담자   그리고 4월 4일, 2차 삭발식 이후 1박 2일 아이들 영정 사진 들고 광화문까지 도보 행진.

수현 엄마   그거는 제가 했는데, 영정은 안 들었어요. 수현이 영정이 없었어요, 여기에. 그래 가지고 집으로 가져간 상태여서 도보만 제가 했죠.

면담자   그리고 4월 6일, 세종시 해수부 항의 방문.

수현 엄마   그거는 못 갔어요.

면담자   4월 16일, 1주기에 시행령 폐기를 요구하며 광화문
연좌 농성.

수현 엄마   16일? 그때 무슨 일이 있었는지 알아야 할 것 같아
요. 저 잘 기억이 없어요. 무슨 일이 있었는지를 말해주시면 알 것
같은데. 간 것 같기도 하고, 안 간 것 같기도 하고 너무 많으니까.
그때 어, 그 광화문에, 그 현판 밑에, 그다음 날 제가 갔어요. 17일
날 갔어요, 그러면. 네. 제가 엄마들이 그 현판 앞에 하루 주무시고
나서 제가 그다음 날 가서 거기 길바닥에서 잤죠.

면담자   네, 5월 1일, 시행령 폐기를 위한 1박 2일 철야 농성
안국역 캡사이신 물대포.

수현 엄마   네. 그때 있었어요. 잤어요.

면담자   그럼 시행령 폐기 집회 부분에 대해서는 이따가 포
괄적으로 말씀해 주시면 될 것 같고요. 그리고 9월부터 동거차도
감시단 활동.

수현 엄마   네. 했죠.

면담자   네. 10월부터 단원고 교실 존치를 위한 교육청 피케팅.

수현 엄마	그거는 계속했죠. 네. 저희 반 할 때.
면담자	그리고 11월 14일, 민중 총궐기대회. 이때가 그 고 백남기 농민.
수현 엄마	11월 14일은 제가 딸하고 해외여행 중이었어요. 그 래서 그때는 못 가고. 그리고 그 2차가 며칠이었죠?
면담자	쭉 있었어요.
수현 엄마	그다음부터는 이제 거의 안 빠지고 다 갔죠. 해외여 행 갔다 오고 나서 그다음에 쭉 갔죠. 남편도 가고 딸아이도 같이 가고. 동생도 가고 언니도 가고 그렇게.
면담자	그러면 2016년 1월 10일, 겨울방학식.
수현 엄마	갔어요, 교실에.
면담자	4월 16일, 참사 2주기 기억식 및 범국민 촛불 문화 제, 이때 안산에서 대형 탈 304개, 대형 인형 9개로.
수현 엄마	네. 그때도 갔죠.
면담자	5월 9일, 희생 학생 제적처리 원상 복구를 위한 농 성. 2월에 아까 말씀하신대로 일방적으로 제적처리를 해서.
수현 엄마	제가 그때는 못 갔던 것 같아요. 그날은 기억에 없는 것 같아요. 뭔지는 모르겠는데 하여튼.
면담자	그런데 농성이 15일 정도 지속돼서. 만약 한 번이라

도 가셨으면.

수현 엄마   가긴 갔을 텐데, 정확한 기억은 못 하겠어요. 제가 길게 하는 거는 중간에 한 번이라도 두 번이라도 꼭 가거든요. 근데 기억을 잘 못 하겠어요.

면담자   그러면은 8월 6일, 4·16기억교실 기록물 정리.

수현 엄마   그거는 안, 못 갔어요. 제가 그때가 6월 달이죠?

면담자   8월 6일.

수현 엄마   8월 6일? 이사하고 얼마 안 돼가지고 제가 그때는 못 갔던 것 같아요.

면담자   이제 이외에도 2014년부터 간담회. 간담회 많이 다니셨다고 하셨잖아요.

수현 엄마   간담회 다 다녔죠.

면담자   간담회에 대해서 여쭤볼 거고요. 그리고 매주 금요일 안산 대시민 선전전.

수현 엄마   거기도 갔죠.

면담자   그리고 이제 광주법원 재판 과정이 계속 있었잖아요, 2014년부터. 참관하셨던가요?

수현 엄마   참관했죠. 그리고 제가 못 간 건 이제, 남편이 갔으니까.

면담자	그럼 이제 2015년, 2016년 특조위 청문회 같은 건?
수현 엄마	특조위 청문회 다 갔고, 아, 한 번인가 빠지고 다 갔죠.
면담자	그리고 해외 지역에 세월호 일로 가신 적은.
수현 엄마	해외는 방문 안 했어요.

4
국회 농성

면담자　네, 여기까지 우선 체크리스트를 바탕으로 구술을 진행을 하고 제가 정리해 온 거는 그 이후에 여쭤볼게요. 왜냐면 질문지에 있는 게 아니라 제가 따로 혹시나 도움이 될까 해서 적어 온 거니까. 그러면 위의 활동들을 하나하나 짚어가면서 여쭤볼게요. 첫 번째가 2014년 5월 8일에서 9일 KBS 항의 방문 이후에 청와대 향한 도보 시위하셨다고 했으니까.

수현 엄마　도보 시위?

면담자　네. 그러니까 KBS에 갔다가 이게 안 통하니까 이게 배후가 어디냐? 청와대다, 그래서 KBS에서 청와대까지 부모님들이 가셨었어요.

수현 엄마　갔다가… 갔다가 그때 청운동에 간 것 아닌가요?

면담자　아니요. 그렇게 바로 청운동에 가시진 않았고.

수현 엄마   그러면 저 그거 안 한 것 같아요. 그때가.

면담자   그럼 아버님만 그때?

수현 엄마   그때 14년?

면담자   네, 14년. 그러니까 참사 직후.

수현 엄마   네. 〈비공개〉 이제 제가 그때 활동을 계속한 게 아니고 〈비공개〉 그래서 간 데도 있고 안 간 데도 있고. 이거는 아빠가 갔어요.

면담자   그러면은 5월 27일에서 29일, 국정 조사 요구하며 국회에서 2박 3일 농성하셨을 때, 참여를 결정하게 된, 영향을 미친 요인이 무엇이었는지 말씀 부탁드릴게요.

수현 엄마   아니, 그때는 제가 뭐라도 해야 되니까 이제 여건이 되면은. 〈비공개〉 제가 그때 몸이 되게 많이 안 좋았는데, 이제 그 뭐래도 제가 뭔가를 해야 될 것 같아서 그때 국회 간다고 얘기가 밴드에 올라와서 제가 국회를 갔는데, 너무 기분 나빴던 거는 그때 김한길이, 김한길 전 의원이 대표였어요, 민주당[그 당시 새정치민주연합] 대표. 그리고 안철수 의원하고. 그다음에… 그쪽은 누가 왔었냐면 이완구, 이완구랑 그리고 김… 김진태, 아니고 그 있잖아요, 그, 그때 원내대표였나, 저기 한나라당. 그때 당 이름이 자유한국당 아니었죠? 기억이 안 나. 하여튼 무슨 당인데. 거기에 이완구하고 그 외에 친박 의원 있잖아요, 김… 김진태 아닌데. 이 씨였나?

기억이 안 나네. 그때 이완구하고 둘이 같이 당 일 봤던 사람. 원내 대표랑. 이 사람이 원내대표였고, 이완구가. 이 사람이 뭐였지? 얘가 저긴가? 이완구가 대표였나? 대표고, 원내대표고. 이 사람이 당대표고 그랬나? 헷갈리는데 하여튼 두 사람이, 김 누군데 하여튼, [김재원 수석부대표] 그 사람이 왔었어요, 네. 그때 그렇게 왔나? 네.

당 대표들이 왔었어요, 그날 저희가 국회에 항의 방문했을 때. 근데 와가지고, 저희가 느꼈을 때 그 진심 없는 영혼 없는 말로 저희한테 얘기했던 그 모습이 '뭐지?' 이런 생각이 들고, 그때 막 이완구한테 질문 기회를 줬었어요. 근데 이제 그 심재철을 그 위원장으로 둔다고 했었잖아요. 그게 특별조사위원회였나요? 그 위원장을 심재철을 했던 것 같은데. 그래서 그때 "심재철 위원이 위원장 하는 게 자격 미달이다" 그러면서 저희가 따지고 있을 때 그쪽에서 "그렇지 않다. 잘할 거다" 이런 식으로 저희한테 말을 했었어요. 그래 가지고 그때 막 저희도 고조되어 있었고 그쪽도 그랬었는데, 그 말하는 태도가 너무 진심이 담겨져 있지 않고, 왜 그 형식적이고 늘 의례적으로 말하는 그 투로 말해가지고 너무 기분이 나빠 가지고. 그래서 저희가 국회의원 그 회의실 강당에 저희가 있었는데 거기서 그냥 "자자, 잔다. 지금부터 이제". 저기, 그거를 어떻게 표현해야 해요? 연좌라고 해야 돼요? 뭐라고 해야 돼요? 하여튼. 농성? 그래서 저희가 거기서 자게 됐죠. 그래 가지고 그냥 그 길바닥 사무실, 뭐 의자에서 주무시는 분도 있었고 저는 바닥에서 자고. 근데 잠을 한숨도 못 잤어요. 불은 껐다고 하더라도 여기저기 막 소리가 나죠, 밖에 기자들 있죠, 뭐 이렇게 웅성거리는 소리랑 또 제 주위에 코 고시고 이러고. 그래서 너무 심란한 거예요. '이래 가지 고 뭐가 해결될까, 해결됐으면 좋겠는데' 이렇게 불안했던 그 마음 들이 있으니까, 잠을 한숨도 못 잤죠.

처음으로 제가 거기서 국회 밥을 먹어봤어요. 근데 반찬이 너 무 좋더라고요. 가격도 싸고 너무 좋았어요. 근데 [밥이] 안 넘어가 는데도 '반찬은 너무 좋다' 이 생각이 나는 거예요. 그래서 그게 이 렇게 뇌리에 '뭐야, 이 사람들? 되게 잘 먹네? 가격도 싼데? 아! 없 는 사람들 와서 멕였으면 좋겠다' 이런 생각이 저도 모르게, 그 순 간에 저도 모르게 났어요. 반찬이 너무 좋아 가지고 '진짜 없으신 분들 막 데려다가 먹였으면 좋겠다' 이렇게 생각이 들더라고요.

면담자　　　외부 가격이랑 차이가?

수현 엄마　　싸요. 싸고 막 되게 잘 나와요. 그래서 거기에 또 충 격받았어요. 너무 차이 나게, 구내식당에서 먹는 건데 너무 잘 나 와가지고 충격받았죠.

면담자　　　그 당시에 대해 이야기해 주셨는데 그때 주변에 계 셨던 부모님, 어떤 부모님이랑 특별히 가까이 좀 계시고 이야기도 나누고 그러셨나요?

수현 엄마　　그때 그냥 4반 부모님들 하고 다 같이 있었어요, 4반 끼리. 그때 뭐, 지금은 활동 안 하시는 분들도 그때는 많이 나오셨 었거든요. 그래 가지고 그때 4반들끼리 '힘내자'고 그러면서 거기서 같이 잠도 반끼리, 그때는 이제 반끼리 활동하다 보니까 반끼리 잤어요, 잠도. 여기 이제 모이면 4반끼리 모여서 자고, 부모님들끼리 서로 그나마 조금 좋은 편안한 자리 서로 맡아서 "빨리 이리로 오라"고 하기도 하고, 힘들게 있으니까 커피도 사서 나눠주시고, 그렇게 부모님들이 그랬고. '엄마의 노란 손수건' 그분들이 막 야참을 해가지고 오셨어요. 수박화채랑 많이 해갖고 오셨어요. 여름이었던 것 같은데. 따뜻했죠, 초였죠. 근데 그때 막 간식을 굉장히 많이 해갖고 오셔서 돌려주셨어요. 그래서 '대체 이분들이 누구시지?' 그때는 제가 그분들을 몰랐었는데, 밤에 오셔서 그렇게 또 챙겨주시고 또 같이 주무셨던 분도 계셨던 것 같고, 그랬던 것 같아요. 근데 제가 지금 기억이 왜곡이 있어 가지고.

면담자　　　국회에 일반인 출입이 안 되지 않던가요?

수현 엄마　　아뇨, 오셨었어요. 그때 좀, 이게 약간 여태까지 자기네가 했던 [일에 비해], 워낙 이게 큰일이고 참사가 일어난 지 얼마 안 됐던 일이라서, 아마 누군가가 구술하게 되면 저처럼 얘기할 거예요. 그때 간식을 밤에 엄청 많이 해갖고 오셔가지고 저희가 먹었던 기억이 나요. 근데 이게⋯ 국회 처음으로 갔을 때 맞죠? 처음으로 가서 저희가 거기서 잔 날.

면담자　　　네.

수현 엄마　　그러면 맞아요.

면담자 　　그때 특별히 기억나셨던 거 말씀해 주셨고. 국회 밥이 너무 싸서 화가 나셨다.

수현 엄마 　　네. 가격 대비 반찬이 너무 잘 나왔어요. 그래서 '진짜 있는 자들은 누리고 사는구나' 이 생각이 들면서 욱했던 게 기억이 나요.

면담자 　　그러니까 버스비도 모르겠죠.

수현 엄마 　　네. 그니까 버스비 모르잖아요. 그래서 많이 충격받고 왔어요, 그때. 그리고 저는 국회가 가서 자면 안 되는 곳인지도 모르고 솔직히 들어가서. 그때는 참사가 일어난 지 얼마 안 되다 보니까 저희를 좀 뭐라고 그럴까, 애기 달래듯이 이렇게 해서 좀 [이 사안을] 잠재우고 싶었던 시기였던 것 같아요. 그래서 허용이 됐던 것 같아요. 그래서 들어가서 이제 그렇게 저희가 갔죠.

면담자 　　많이 말씀해 주셨는데 그래도 이건 특별히 너무 슬펐다, 그때 거기 있으면서. 그랬던 어떤 기억이나 그런 기분이 있으시면 말씀 좀 부탁드리겠습니다.

수현 엄마 　　그거는 늘 제가 그런 현장에 있으면 느끼는 건데, 제가 왜 여기 와 있는지 모르겠는 그런 느낌 있잖아요. '내가 왜 여기 와 있어야 되지?' 그리고 저는 제 마음에는 수현이가 있는 것 같은데, 제가 수현이 없는 일로 제가 와서 그 자리에 있어야 되니까, 늘 제가 힘들었던 건 늘 다 그거였던 것 같아요. 제가 아직 마음적으로 수현이의 부재를 아직 인정하지 못했는데, 그 수현이의 부재 때문에 그런 일로 가서 제가 전혀… 제가 뭐 정상적으로 살았다면, 그니까 아무 일없이 그냥 평범하게 살았다면 제가 그런 장소에 있을 필요가 없는 상황이잖아요. 그러니까 늘 그것 때문에 힘들었어요. 그리고 제가 늘 마음속에 수현이가 있는데, 함께 있는데 내가 '수현이가 없다'라고 자꾸 생각이 들어야 되는 그런 상황이 너무 힘들고 아파요. 그래서 가면 늘 그것 때문에 힘들었어요. 제가 아직도 인정하지 못했는데, 자꾸 부재를 느껴야 되니까 너무 힘들었죠, 그것 때문에.

5
특별법 제정 천만인 서명, 국회 농성

면담자　　　그럼 이제 6월부터 특별법 제정 천만인 서명운동. 거리 서명 하셨었으니까 그때 거리 서명 하시면서 어떤 일들이 있었고 어떤 느낌이셨는지 좀 여쭤볼게요.

수현 엄마　　　(한숨) 말도 못 하죠.

면담자　　　보통 어떤 어머니나 아버님이랑 가셨어요?

수현 엄마　　　보통은 반끼리 움직이니까. 그때 대한문에서 발대식 같은 걸 했어요. 그때 ○○이랑 저랑 아빠랑 같이 갔었는데, 지금은 활동 안 하시는데 김장훈 씨가 그때 함께 했었는데 그때 반별로 해서 저는 김장훈 씨하고 대한문 앞에서 서명을 받았는데, 처음 그게 발대식하고 처음 제가 서명을 받은 날이었고. 그리고 나서 그다음부터 〈비공개〉 버스 투어는 하지 못했고. 그리고 나서 거리 서명은 있을 때마다 이제 제가 다녔는데. 그때 거리 서명 한 기간이 꽤 긴 걸로 제가 기억을 하거든요. 그래서 뭐 대전도 가고 서울도 자주 가고 인천도 가고, 뭐 지방 안 간 데 없이 돌아다니면서 춘천도 가고 뭐 많이 갔었는데, 간담회 하는 거랑은 좀 달라요.

간담회는 일단 세월호에 대해서 알고 싶고, 관심이 있고, 일단은 저희와 함께 하고 싶은 분들이 많이 참여를 했는데 거리 서명은 전혀, 그러니까 무작위잖아요. 그런 것 없이 그냥 일반 평범한 시민들 어느 누구나 그냥 그곳에 있는 분한테 저희가 [서명을] 받아야 되니까 이제… 상처받는 경우가 되게 많았죠. 특히 이제 다 그러신 건 아닌데 연세 많으신 할아버지, 할머니들이 그렇게 많이 비난을 하셨어요. 그런데 제일 가슴 아팠던 거는 영등포 롯데백화점 앞에서 저희가 피켓 들고 번갈아 가면서 서명하고 이랬었는데 한 할아버지가 오시면서 벌써 큰소리 내고 오세요. "아직도 이런 거 해!" 막 이러시면서 저희 앞에 딱 서면서 "자식 앞세운 게 뭐 자랑질이라고 이런 데 나와가지고 이런 거 한다"고 "창피하지도 않냐?"고 저희한테 그랬어요. 그래서 저희가 "안 창피하다"고 "이게 왜 창피하냐?"고 "어르신, 도와주실 거 아니면 그냥 가시라"고 그렇게 했던 것, 그게 제일 가슴이 아팠어요. 자식 앞세웠다고 저희한테 막, 그게 자랑도 아닌데 와서 이렇게 한다고 그렇게 말씀하시는데(한숨),

수현 엄마 이영옥

너무 아프더라고요. 그때 그 성호 아빠가 같이 있었을 거예요. 성호 아빠가 막 [몸이] 마비되어 가지고 주무르고 이랬었거든요. 근데 막 혈압이 올라가지고 성호 아빠가 그때 되게 힘들어하고, 저희 4반끼리, 또 반끼리 했었으니까, 서로 엄마들하고 아빠들하고 위로하면서 참자고 이렇게 하면서. 근데 가슴이 너무 아팠죠. 진짜 욕도 하고 악다구니도 쓰고 싶은데 차마 어르신이라 그거를 못 했어요. 그래서 "도와주실 거 아니면 얼른 가시라"고 이렇게 하고 이제 그 어르신이 가고 난 다음에 부모님들 그 표정이 다 막… 서로 어떻게 말로 표현하지 못하게 아픈 것을 다 알잖아요. 그래서 그렇게 했던 것.

그다음에 또 대부분은 젊은 사람들보다는 다, 제가 당한 건 다 어르신들인데, 뭐 "시체 장사해 갖고 돈 그렇게 많이 받았으면 됐지. 아직도 뭐 할라고 이거 하느냐"고 그렇게 악다구니 쓰시는 분부터, 그분도 생각나고. 한 분은 할머니신데, 제가 인천에, 그때 인천에 무슨 역 앞에서 서명을 받는데 할머니가 막 와서 그러시는 거야 "끝난 거 아니냐"고 "왜 또 여기 와서 하느냐?"고. 그래서 제가 저도 모르게 막 이렇게 언성이 높아지면서 "어르신, 끝난 거 하나도 없다"고 "시작도 못 했다, 우린. 그리고 돈 많이 받았다는데 우리 돈 안 받았다"고 "아직도 싸우고 있다"고. "저희 바라는 거, 진실 밝혀지는 거랑 그 [책임자들] 처벌받아서 이 땅에 우리하고 똑같은 슬픔 안 겪게 하는 게 저희가 하고 싶어 하는 일"이라고 막 하면서 저도 모르게 언성을 높였는데, 그분은 다행히 "어머! 그러냐"고 "내가 몰랐다"고 "아이고! 애기 엄마 미안하다"고 "내가 몰라서 그랬다"고 하시면서 "아이구, 건강 챙기면서 싸우라"고 이렇게 얘기하고 가신 어르신이 계셨어요. 그래서 그때 너무 감사드렸죠.

그리고 이제 피케팅하면서, 지금 여기에는 안 나왔는데, 이제 미수습자 [가족]분들이 홍대랑[에서] 피케팅하셨어요, 청와대랑. 제가 거기를 거의 많이 했죠, 그분들하고 같이. 제가 홍대에서 같이 했었는데, 그때 이제 10반에 민정이 엄마랑 5반에 준영이 엄마랑 준영이 아빠랑 그리고 시연 엄마랑 이렇게 많이 몇 분, 뭐 창현이 엄마도 가끔 가셨었고, 많이 갔었어요. 근데 그때 할 때, 그 홍대 거리는 좀 이런 다른 피케팅이나 서명 같은 거하고 다르게, 되게 달라요, 분위기가. 이제 하다 보면은 다른 길거리 서명도 [그렇고] 고생하신다고 음료수 사다 주시는 분도 있고 막 이렇게 돈 주시는 분도 있어요. 그래서 "안 주셔도 된다"고 그러면 "내가 뭔가 해주고 싶은데 해줄 수 있는 게 없어 가지고. 밥 따뜻하게 사 먹으라"고 지갑에서 많은 돈은 아닌데, 몇만 원을 이렇게 막 주시는데 그걸 거절을 못하겠어요. 그 마음이 와닿아 가지고 거절을 못 해서 저희가 갖고 오는 경우도 있고 그랬는데. 이제 아팠던 건 그런 거고, 좋았던 거는 "다 안다"고 "내가 자식 키우는데 마음이 어떻게 아픈 것 다 안다" 하시면서 "건강 챙기면서 싸우라"고 하셨던 게 제일 마음에 와닿고.

또 한 분은 당신도 싸우고 계시는 분이라고. 그 경리 여직원이 있었는데 성폭행당해서 이렇게 살인, 살인이 아니라 자살한 것처럼 꾸며져서 어디에 버려졌다고 얘기하셨던 분이 계세요. 그 어머니가 한번 그렇게 막 힘내라고 해주시고 "나도 똑같이 자식을 위해서 싸우는 사람인데 언젠가 진실은 꼭 밝혀질 거"라고 하시면서 용기 내라고 막 힘 주고 가셨을 때 굉장히 [기억에] 남았어요, 그분이. 그분도 아프신 분인데 저희한테 용기 내라고 말해주셨을 때, 같이 이렇게, 마음이 같잖아요, 자식 일 때문에 싸우고 있으니까. 아픔도 똑같을 수 있는데 그렇게 말씀해 주셔서 용기를 굉장히 많이 얻었었죠, 그분한테. 그래서 되게 거리 서명 하면서 아프고 힘든 기억도 굉장히 많은데 또 이렇게 그런 용기 주신 분들 때문에, 거리 서명 갔다 오면 막 며칠씩 앓아눕기도 했는데, 그 우리하고 함께 하신다고 용기를 주신 분들 때문에 또 막 힘이 나서 또 다음 서명을 가고 제가 그랬어요, 그분들 덕분에.

진짜 몸이 너무 힘들었거든요. 마음도 힘든데, 그때는 건강들이 다 안 좋을 때고 저는 이제, 그때 한의사 선생님들이 봉사를 하셨던 기간이었어요. 그래서 진맥해 보면 거의 이렇게, 제가 "만약에 몸이 집으로 비교한다면 대들보고 뭐고 다 없는 상태"라고 저한테 말씀을 해주셨는데 제가 병원을 못 갔어요, 애가 아파 가지고. 근데 이제 애 아빠랑 ○○이랑 걱정이 돼서, 그때 정혜신 박사님이 한의사 선생님을 저희 집으로 불러주서 가지고, 병원에 갈 여유가 안 되니까 그래서 진맥을 받을 기회가 있었거든요. 그때 [한의사 선생님이] "제일 심한 사람은… 지금 딸하고 아빠 걱정할 게 아니라 본인을 걱정하라"고 하시더라고요. 그래서 저는 그때 건강이 그렇

게 나쁜지 몰랐어요. 계속 힘들기만 해가지고 '어디가 안 좋긴 안
좋구나' 그렇게만 느꼈죠. 그런데 그럼에도 불구하고 나갈 힘이 생
겼던 거는 다 그분들 덕분이었죠.

면담자　　　저도 거리 서명 도와드리러 갔었을 때 아이가, 아빠
가 아이한테 서명받은 걸 들고 오시는 그런….

수현 엄마　　　감동이에요. 그리고 애기들도 [서명을] 다 해줬어요.
글씨 거의 쓸 줄 아는데 또박또박 자기 이름 써가지고 해줄 때 너
무 예쁘고 감사하고. 그런 힘 때문에 다시 또 거리 서명 나가고 제
가 그랬어요. 그런 힘이 없었으면 못 했죠. 다른 부모님도 다 마찬
가지일 것 같아요.

면담자　　　그럼 7월 12일부터 특별법 제정 촉구 국회 농성. 이
게 119일간 있었기 때문에 아마 여러 가지 기억이 혼합해서 생각
나실 수도 있지만 그 기억을 더듬어서 국회에서 있었던 일 위주로
좀 말씀 부탁드릴게요.

수현 엄마　　　제가 〈비공개〉 이제 활동하느라고 밖으로 막 돌아다
니니까, 〈비공개〉 제가 그래야 숨을 쉴 것 같으니까 제가 밖으로 계
속 나갔거든요. 근데 너무… 그러고 나서 애가 계속 아팠어요. 심
장이 아프다, 머리가 아프다, 뭐 기절도 몇 번씩 하고 계속 머리 아
프다고 하고. 그리고 이제 뭐, 완전히 살이 [빠져서] 삐쩍삐쩍 말랐
죠. 근데 제가 먹을 거를, 일단은 제가 의욕이 없으니까 먹는 걸,
요리를 못 하겠는 거예요. 제가 그렇게 먹거리에 관심이 많고 신경

을 썼던 사람인데 먹거리에 신경을 하나도 안 썼죠. 쓸 여력이 없어요, 마음적인 여유가. 그래서 정혜신 박사님이 반찬도 막 보내주시고. 그런데 저희는 남이 한 음식을 좋아하지 않아요, 식구들이 다. 이제 맛이 없어도 반찬이 없어도 엄마가 해준 음식을 좋아하지, 아이들이 [어디서] 얻어다가 주고 이런 음식을 싫어하는데 [그때는] 어쩔 수 없이 그냥 다 먹이고, 먹고, 나가서 사 먹고, 시켜 먹고. 이런 돈이 진짜 많이 들었어요, 초창기 때 제가 음식을 못 하니까. 그래서 ○○이가 그렇게 막 아프고 이러니까 ○○이를 신경 안 쓸 수가 없잖아요. 〈비공개〉

그래 가지고 [집에 가야 되니까 국회] 가서 잠은 못 자고 아침에 갔다 밤에 오고. 이제 버스가 늘 분향소에서 있었거든요. 그래서 왔다 갔다 하는데, 거기서 생각한 거는 그것밖에 없었어요. 이렇게 누워 있으면서, 늦게까지 있는 날은 애 아빠가 ○○이랑 같이 있을 수 있는 날은 자고 오고, 자고 온 게 한 두세 번 밖에 안 됐을 거예요. 나머지 이제 아침에 갔다 저녁에 왔는데, 밤에 이렇게 누워 있으면서 '아예 돈이 있으면 엄마들하고 돈을 걷어가지고 아이에스(IS)[이슬람국가, 무장단체]한테 와서 테러 좀 해달라고, 국회를' 그 생각을 너무 많이 했어요. '그렇게 할까? 돈 걷어서 그렇게 하고 싶다. 이 국회를 폭파시켰으면 좋겠다. 저 인간들 다 죽었으면 좋겠다'. 뭐 국회에서 법이 제정이 돼야 뭐가 되는데 안 하잖아요. 그리고 계속 뭔가를 자기들끼리 그거를 논의? 협의? 이런 걸 한다면서 계속 뭔가 미루고, 뭔가를 계속 제외시키고 자꾸 빼고, 자기한테 불리한 내용들은 다 빼고 이러니까 누워서 제가 생각한 건 그것밖에 생각을 안 했어요. 그리고 이렇게 석조 건물이잖아요. 거기에 그 기둥이, 돌로 된 기둥이 이렇게 크게 있었는데 그거를 폭파시키고 내가 힘이 센 거인이라고 생각하면 '그거를 손으로 무너뜨려서 다 깔려서 죽여버렸으면 좋겠다' 그런 생각을 제일 많이 했어요. 그래서 막 로켓 발사해 가지고 폭파시키는 생각하고 제가 '그거 밀어가지고 이렇게 다, 깔려서 다 죽여버렸으면 좋겠다' 그런 생각을 제일 많이 했던 것 같아요.

근데 새가 똥을 얼마나 싸는지 모든 곳에 다 똥이에요. 근데 저희 부모님들이 얼마나…(웃음) 양심적이시라고 해야 되나? 얼마나 바르게 사셨는지 거기를 청소를 했다니까요. 새똥이 많다고 다 걸고 수도[를] 이렇게 해가지고 물로요, 저희가 거기를 다 청소했어요. 저희 부모님들 진짜 대단한 것 같애요.

그리고 이제 나중에는, 처음에 들어갈 때 물론 못 들어가게 하죠, 국회에. 경찰들이 잡았죠. 나중에는 유가족이면 다 들어가게 하더니만 뭐가 또 수틀리면 또 막 잡아요, 못 들어가게. 무슨 007 첩보 작전 하듯이 노란 거 안 입고, 숨기고, 막 유가족이 아닌 척하고 들어가고, 저희가 나중에 그렇게 들어갔어요. 못 들어가게 해가지고. 그리고 나서 8월 15일 날? 거기서 정의화 국회의장이었던 것 같아요. 그죠? 국회의장이. 그 앞에서 8·15 광복 기념 음악회가를 했어요.

면담자   그게 '열린음악회'.

수현 엄마	'열린음악회'인지.
면담자	광복절맞이.
수현 엄마	예, 그거를. 저희가 그때 정말 부모님들이 다 실성하다시피, 얼마 안 됐잖아요, 참사 [일어]난 지. 근데 거기서 풍악을 울리는 거예요. 그래 가지고 부모님들이 따지고 난리가 나서 그 음악회가 접어졌죠. 근데 그 국회의장이 한 말이 "아무도 역사상 국회 앞에서 농성한 적은 없다. 내가 이만큼 봐주고 있다, 당신들을. 내가 이거 안 봐주면 국회에 들어와서 농성 못 한다" 그 말을 하더라고요, 의장이. 아니 그럴 거면 빨리 해결을 해주든지, 보기 싫으면. 근데 제가 생각할 때 그만큼 이거는 큰일이었던 것 같아요, 그들한테도. 그래서 저희가 그때 농성을 꽤 오래했었죠.

그래서 거기서… 이제 중간에 도보도 했을 거예요. 그 부모님들이 거기서 농성하고 있는 중간에 저희가 걸어서 국회를 갔다가 국회에서 다시 광화문까지 걸어왔으니까, 안산부터 도보해 가지고요. 근데 막, 발이 말을 안 들어요, 너무 많이 걸어가지고. 다 부모님들 건강 안 좋은데[도] 걷는 데 이골이 날 정도로 저희가 걸었거든요. 그래 가지고 나중에는 발에 다 물집 잡히고, 그때 여름하고 겹쳤잖아요. 그래 가지고 소나기 맞고 칙칙한 냄새나고, 이런 거는 일도 아니고.

하여튼 굉장히 많이 힘들었는데 그 국회 농성했을 때 또 하나 기억에 남는 거는 '야, 이 인간들 서열을, 서열화를 시켰네?' 이 생각이 들더라고요. 국회에 민주당 대표 차 대는 자리가 정해져 있어요. 저는 그걸 몰랐어요. 여기에 무슨 당 대표 차 놓는 자리가 딱 정해져 있어요. 그 자리에는 주차를 못 해요. 그래 가지고 '뭐지, 이게?' 아니, 같은 인간인데 원내대표, 무슨 대표라고 딱 지정석이 있는 거예요, 차 지정석이. 그리고 아무도 그 자리에 못 대요. 차 댈 데 없어도 그 자리는 비어 있어야 돼요. 그래 가지고 '야, 정말 이것들, 있는 것들이 별걸 다 누리고 사는구나' 정말 제가 보통 인간으로 살았을 때 그들하고의 그 위화감 있잖아요. '내가 이렇게 별 볼일 없는 인간인가?' 이렇게 생각이 들 정도로 정말 '아! 너무 이거는 아닌 것 같다'는 생각이 든 거예요. 선생님도 그렇죠?

면담자   네, 이상하네요. 처음 들었어요.

수현 엄마   있어요, 지정석이. 그래 갖고 너무 황당했어요. '와! 이 인간들. 지네가 뭐 더 높다는 거야 뭐야?' 이런 생각이 들면서 '다 똑같은 인간들이 이러고 사는구나. 이들만의 세상이 따로 있구나' 막 이런 생각이 들어서 또 분노 지수가 막 치솟아 올랐죠. 네. 그리고 처음에는 또 화장실도 맘대로 못 갔어요. 그래 가지고 여러 명이 못 가게 해요. 한 명 들어갔다 나오면 한 명 나오게 하고. 이 생리적인 현상을 제가 억압받아야 한다는 이 현실이 이게 진짜 웃음밖에 안 나와요, 어이가 없어서, 어이가 없어서. 막 거기서 오는 '이거 다 뭐지, 진짜? 내가 화장실도 맘대로 못 가나?' 이런 생각이 들면서 진짜, 어이없는 걸 따져서[따지면] 다 분노예요, 분노 자체에요. 분노 지수가 말[도 못 해요], 이 혈압이 얼마나 올라가는지. 거기서 느끼는 자체[가] 다, 뭐 하나하나 진짜 다 분노를 일으키는 일들이었죠.

제가 또 차가운 바닥에, 그래도 저는 왔다 갔다라도 했죠. 거기서 계속 농성하시는, 주무시고 농성하시는 분들은 정말 뭐냐고요. 막 찬기가요, 뭐 깔아도 돌이라서 막 계속 올라와요. 얼마나 추운지 몰라요. 여름인데도 불구하고 이 찬기가 올라와 가지고 얼마나 추운지. 비 오면 비 오는 대로 막 비가 쳐 들어와 가지고 다 맞죠. 다 말로, 다 말할 수 없죠. 진짜 열악했어요, 그 농성하는 게. 밥 먹는 것도 열악했고. 근데 이제 그때도 밥 해다 주시는 시민분들. 맛있는 거, 집밥 먹이고 싶으셔 가지고 집밥 해다 날라주시는 시민분도 있었고, 또 떡 해서 돌리시는 분들도 있고, "고생하신다"고 함께 또 와서 주무시는 분도 있었고. 그것도 마찬가지로 다 그런 분들 덕분에 용기 내서 또 가게 되고 그러는 것 같아요.

면담자 서명을 이미 시작하셨을 때니까, 거기서 국회의원들한테 서명도 받으셨나요?

수현 엄마 다녔어요, 국회의원실로. 직접 다녔어요. 돌아다니고(한숨). 그때는, 그때는 어… 제가 특별하게, 대부분 민주당 의원분들은 잘 해주세요. 그런데 저는 우호적인 데를 가게 됐고 이제 그 반대, 그때 '한나라당'이었나요? 맞나요? '자유한국당' 전에, 아니야. 전에 '한나라당' 사이에 뭐가 있는데(한숨), 기억이 안 나. 관심이 없는 당이다 보니까. '새누리당'. 그 '새누리당' 국회의원 사무실로 간 부모님들은 아마 스토리가 많으실 거예요. 막 안 해주고 그랬거든요. 근데 민주당 의원들은 거의 다 해주니까. 뭐 "고생하신다" 하고 특별법은 뭐 대충 해줄지언정 그런 거는 잘 해줬어요. 그니까 다 저는 쉽게 받아 왔죠. 그런데 다른 우호적이지 않은 당들에 가셨던 부모님들은 많이 상처받고 오셨죠. 예, 많이 상처받고 왔죠.

면담자   말씀 많이 해주셨는데, 혹시 특별히 생각나는 가슴 아팠던 일이 있으셨으면 이야기해 주세요.

수현 엄마   국회에서? 똑같죠, 뭐. 그러니까 저희 농성해 가지고 씻지도 못하고, 몰골 안 좋고 뭐 이럴 때 국회의원들은 저희한테 잡혀서 뭐 될까 봐 다른 통로로 다녔어요. 근데 이제 어쩌다가 [우리] 위로 지나간 날이 있어요. 그때 그들의 그 눈길. 그거를 제가 살면서 잊을 수가 없어요. 그… 저희가 이렇게 농성해서 앉아 있고 누워 계신 분도 있는데 그 문을 나가면서 저희를 이렇게 흘끗 보고 지나가는 그 눈빛을(한숨), 그걸 말로 다 표현할 수 없어요. 그러니까 그들이 그… 사람 보는 눈빛이 아니에요. 그냥 어… 그들한테는 그냥… 뭐라 할까 이거를, 그냥 인격 대 인격체로 대하는 그런 눈빛이 아니고, 그냥 내가 무시해도 되고 인간 취급 안 해도 되는 그런 존재처럼, 그런 눈빛을 하고 저희를 지나갔어요. 근데 그게(한숨) '정말 내가… 나 인간이 아닌가 봐. 내가 이런 취급을 당하네.

수현 엄마 이영옥

나 인간 아닌가 봐' 이런 생각이 들 정도로 그 멸시, 그 막, 그 모멸
감 이런. 그 눈빛에서 그런 거를 제가 동시에, 한순간에 그 눈빛에
서 다 제가 느꼈어요, 그런 감정을, 너무 복잡한 감정. 자식 없는
것도 너무 서러운데요, 그런 눈빛으로 지나갔을 때 정말(한숨) 내가
'나는 진짜 여태까지 인간 취급 못 받고 살았구나' 막 그런 생각밖
에 안 들었어요. 그러니까 이거를 슬프다고 말할 수도 없고… 다
이렇게 일일이 말로 표현할 수 있는, 다 하나로 담을 수는 없는 감
정인 것 같아요. 그래서 아, 정말 살아 있는 게 모멸스러웠어요. 그
순간에 제가 살아 있는 게 너무 싫더라고요. '그냥 자식 따라가서
죽을걸. 내가 왜 이 자리에 있지?' 이런 생각이 들 정도로 되게 모
멸스러웠어요.

6

350만 명 서명 제출과 국회 청원

면담자   이제 7월 15일, 350만 명 서명 제출, 그 이제 국회 청
원하러 가신 경험에 대해서 좀 여쭤볼게요.

수현 엄마   그날, 제 기억에 비가 되게 많이 왔었던 것 같아요.
비가 많이 와서 저희가 도보로 걷는데 제가 좀… [저는] 안산 분향
소부터 출발을 못 했어요. 안산 분향소에서 출발을 했죠, 그때? 서
명지를 들고?

면담자   여의도공원부터?

수현 엄마   아니요. 안산부터 했어요. 제가 기억이 나는데, 여의도공원에서 모였거든요. [도보는] 안산부터 했어요. 근데 이제 서명지는 차로 싣고 갔겠죠? 그래서 여의도공원에서 다 이렇게 쥐가지고 거기서 집회를 하고, 다 들고 그리고 국회까지 저희가 걸어갔는데, 그때 제가 분향소부터 도보를 못해서 버스를 타고 제가 '스타프라자'에 내려서 거기서 합류를 해서 걸어갔는데 그때 버스 안에서, 그때 막 도보 행렬이 '스타프라자'를 지나가고 있을 때니까 제가 버스에서 내리는데 웬 할머니가 "아직도 이 짓해? 아, 이제 그만 좀 끝내지. 뭐야, 복잡해 죽겠네" 하면서. 근데 제가 '할머니, 그거 무슨 말이에요?' 하고 따지지를 못했어요. 제가 용기가 안 났어요. 지금 같으면 따질 수 있을 것 같은데 그때는 왜 이렇게 제가 작은지, 너무 작게 느껴지면서 그 할머니한테 따지지를 못하겠는 거예요. '할머니, 할머니는 [할머니] 자식이 그렇게 억울하게 죽었는데도 이런 소리 할 거냐?'고 그 한마디 못 했던 게, 그 너무 용기 없는 게 지금 너무 한탄스러운 거예요. 왜 내가 그때 그 할머니한테 '그런 거 아니다'고 왜 말을 못 했을까. 최소한 '그런 거 아니다'고 '아직 밝혀진 것 없다'라고 말만 했어도 내가 이렇게 막 비겁하게 느껴지진 않았을 텐데, 제가 그 말을 못 하겠더라고요.

          그래서 이제 되게 많이 무거운 마음으로 도보에 같이 참여해서 걸어갔죠. 그때 비도 왔어요. 소나기도 오고 막 이래서, 그때 우산 들고 걸어가서 여의도공원에서 아까 말씀드린 것처럼 집회하고,

거기서 이제 서명지를 들고 국회를 갔죠. 그래서 이제 서명지 제출하고 저희가 아마 그걸 만들었던 것 같아요, 크게 리본. 이제 서명지 전달을 하고 났는지는 모르겠는데 시민분들하고 같이 큰 리본을 같이, 그 4·16 단체에서 [사람들한테] 이렇게 '어떻게 그리라'고 '어떻게 들어오라'고 해가지고 [사람 따로 리본을 만들었어요]. 네. 제가 서명지 준 날인지 헷갈리긴 하는데, 서명지 전달하고 난 다음에 [만든 것 같아요].

면담자   서명지 전달했을 때 어머님, 아버님들 되게 충격을 받으셨다고. 이게 큰 의미라고 생각해서 들고 가셨는데….

수현 엄마 네. 별게 없었어요.

면담자   그 사람들이 "그냥 놓고 가라", "가져가라", "다시 들고 가라"고 했다고요.

수현 엄마 네. 그게 하나도 소용이 없는 거예요. 저희가 이 서명지면 다 뭔가 될 것같이, 정말 목숨 걸다시피 그 서명을 받았는데… 네. 그냥 아무 실효성이 없더라고요. 그냥 그때 놓고 가라고 했는지 가져가라고 했는지, 그냥 놓고 가라고 하지 않았어요?

면담자   놓을 데 없으니 가져가라고.

수현 엄마 (한숨 쉬며) 제가 앞에 전달한 사람이 아니라서, 전뒤쪽에 있었으니까.

면담자   그래서 다시 가져가서 분향소에다 놓으셨죠.

수현 엄마   아, 그래서 가져온 거네요.

면담자   네. 그래서 화가 많이 나셨죠, 부모님들이.

수현 엄마   네. "진짜 완전히 멘붕이다" 저희들끼리 그 얘기는
했던 것 같아요. "이거 아무 소용없네? 열심히 받았는데. 전국 투어
도 하고 우리 목숨 걸다시피 하고서 받았는데 이거 실효성이 하나
도 없네" 그렇게 말했던 것 같애요. 그래서 그 생각도 했어요, 제
가. 그 얘기 들으면서 '아! 서명이 뭔가 법적으로, 얼만큼을 받으면
법적인 효력이 생겨야 되겠구나' 그 생각을 그때 했던 것 같아요,
그날 제가. 아무런 법적으로 이게 아무 소용이 없으니까. 진짜 너
무 힘들게 저희가 받은 건데…. 그렇게 그때 충격받았었죠, 그래
서. 그리고 나서 너무 힘들었던 기억[이 있어요]. 도보를 했는데 그
게 아무 소용이 없으니까, 뒤돌아 올 때 그 허탈함이. 도보했던 그
[피곤이], 완전히 지쳤잖아요, 몸이, 육체가. 그 피곤이 한꺼번에 막
쏟아지면서 너무 힘들었던 기억은 있어요. 막 이 발을 떼어놓지를
못하겠더라고요, 너무 힘들어 가지고. 이제 발에 물집은 다 생겼
죠, 또 [서명이 소용없다는] 그런 말은 들은 것 같죠, 그러니까 순간
몸에 피로가 막 오면서 이렇게, 진짜 그런 표현 있잖아요, '천근만
근'이라는 표현. 그 표현이 딱 맞게 움직여지지가 않았어요, 그때.
그런 기억이 나요. 몸이 너무 피곤해서 움직여지지 않았던 기억.
근데 이게 딱 기분 좋게 받아들여지고 이러면 힘들었던 걸 다 잊었
을 텐데 [서명지가] 너무 아닌 게 되어버려 가지고. 그리고 그 수많

은 시민분들이 해주신 거잖아요. '그건 다 어디로 갔나' 이런 생각이 드니까, 그때 그 밀려왔던 그게 너무 힘들었던 것 같아요.

면담자　　　그때도 도보 행진은 반별로 많이 하셨죠?

수현 엄마　　거의 다 반별로 하죠. 저희는 거의 반 단위로 제일 많이 움직였어요.

면담자　　　4반 부모님 중에도 특별히 같이 활동을 많이 하신, 주변에 어떤 부모님이 계셨는지.

수현 엄마　　제가 경빈 엄마랑 승묵 엄마랑 같이 많이 했죠, 셋이. 그런데 간담회는 경빈 엄마랑 제일 많이 다녔고요. 그리고 이제 그… 나중에 승묵 엄마가 굉장히 힘든 시기를 겪고 [못 나오다가] 5·18 어머니들이 '부모가 되어가지고 가만히 있으면 어떡하냐'고 그 소리에 충격받아 가지고 승묵 엄마가 이제 나왔어요. 활동 진짜 열심히 해서, 저희가 셋이 많이 다녔죠. 그리고 거의 1년 넘게 광화문, [거기를] 밤에 저희가 월요일 날 지킴이를 했었는데, 셋이 거의 한 주도 안 빠지고 거의 1년 넘게 셋이 다녔죠. 제가 운전해 가지고 광화문까지 와가지고 광화문 지킴이 하고. 그리고 4반 같은 경우에는 부모님들이 특별하게 힘을 모아야 되는 일이 있으면 많이 나오는 편이에요, 다른 반에 비해서. 3반이 좀 활동을 많이 하셨는데 4반도 뭐 특별한 일 있으면 [부모님들] 숫자가 진짜 많이 나오시는 편이죠, 4반. 아직도, 아직도 뭔가 특별한 일, '힘 모아야 된다' 그러면 아마 많이 나오실 것 같아요.

면담자   그러면, 그 서명지 들고 가셨던 게 너무 허탈하고 그런 기억이 주로 있으시지만, 그래도 혹시 그 와중에 특별하게 '좋았다'라거나 그래도 마음에 조금이나마 위안이 되셨던 일이 있으셨나요?

수현 엄마   제가 모든 활동에 다 [위안이 되는] 그거는, 제가 그래도 '가만히 안 있고 뭔가를 하고 있구나' [하고 느끼는 것] 그건 것 같아요. 그러니까 제가 생각하는 거는… 이제 이거는 그냥 보통의 죽음이 아니잖아요. 저희가, 제가 이게 수현이가 아파서 [일어난 일이면], 제가 뭐 [수현이가] 어디가 아프면 장기라도 떼 주고, 병원비가 없으면 제가 어떻게 살려보겠다고 도둑질도 해보고, 제가 이렇게라도 해봤으면 억울하지 않은 일인데, 아직도 제가 제 아들이, 왜 내 진짜 목숨보다 귀중한 내 아들이 왜 죽었는지 이유를 모르잖아요. 그래서 제가 그렇게 가만있으면 안 될 것 같은, 아이한테 죄짓고 있는 것 같은 그런, 늘 마음에 그게 있어요, 부채가. 그래도 내가 '수현아, 엄마가 가만히 안 있고 이거 어떻게 보면 작은 일일 수 있는데, 엄마 그래도 뭔가 하고 있어' 이런 생각이 드는 게 가장 좋았던 것 같아요. 아이한테 좀 덜 미안한? 그래서 그런 날은 그래도 좀, 잠을 거의 못 잤는데, 그래도 좀 다른 때보다는 더 편안한 마음으로 좀 잠들 수 있고. 그래서 활동을 하는 것 같아요, 아이한테 좀 덜 미안해서. 너무 미안한데 이 미안함을 다 어떻게 내가 아이한테 풀어줄 수 없으니까 이런, 최소한 이런 거라도 해야 된다는 마음으로 하니까 좀 덜 미안한 마음이 생기죠. 응(눈물을 닦으며).

수현 엄마 이영옥

7

특별법 제정 촉구 도보 행진, 참사 100일 집회, 범국민 대회

면담자   그러면 23일, 24일 특별법 제정 촉구. 안산에서 광화
문 도보 행진 및 참사 100일 집회.

수현 엄마   이거는 너무 많아 가지고 뭔지 잘 모르겠어요.

면담자   네. 제 기억을 조금 되돌아보면 참사 100일 집회 때
아마 유민 아버지가 이미 단식을 하신 지 날이 꽤 됐고, 부모님들
도보하시고 들어오실 때 시민들이 박수 쳐주고 거기에 배를 이렇
게 해가지고.

수현 엄마   네. 그럼 그때 있었던 것 같아요. 근데 그것도 제가 잘,
제가 있었던 건 아는데 [당시] 있었던 일을 잘 기억은 못 하겠어요.

면담자   그럼 그때 어떤 감정이셨는지 말씀 부탁드릴게요.

수현 엄마   그냥 벅차다고 할까. 그때는 정말 집회에 시민분들
이 많이 나와주셨어요. 근데 점점점 시간이 지나면서 [모이는 사람
이 줄어서] 촛불집회가 완전히 정말 100명도 안 되게, 광화문에 가
보면 그랬었는데, 그때는 정말 온 광장이 다 저희들 때문에 집회를
오신 분들이었거든요. 그 힘 보태시고 싶으셔서 가지고. 근데 그때
시민분들이 양쪽에 서 있으면서 저희 들어올 때 막 박수 쳐주셨잖
아요. 일일이 또 나중에 안아주시기도 하고 이러셨거든요. 그때 그
감정은, 내가 팽목항에서 올라올 때 '나 혼자만 싸워야 되는 거 아

냐? 우리 가족만 싸워야 되는 거 아냐?' 이 불안함이 늘 있었거든
요. 근데 '뭔가 이상한데? 싸우긴 싸워야 되는데 나만 싸우면 어떡
하지?' 이런 생각이 있었는데 부모님들이 싸워주시는 분도 너무 많
았고, 그리고 거기 갔는데 그 많은 시민분들이 "힘내라"고 "진실은
꼭 밝혀질 거다"라고 막 이렇게 저희한테 용기 주고 박수 보내주실
때, 아, 미안하기도 하고 너무 감사하기도 하고 해서 제가 막 가슴
이 벅찼어요. '아, 이런 세상도 있구나. 내가 몰랐던 세상, 내가 너
무 안일하게 살고 [있었구나]'. 제가 이명박 뽑은 사람이잖아요. 그
런데 제가 몰랐던 그런 세상이 있다는 거에 대해서 너무 감사했죠.
'이런 분들도 있구나' 그래서 내가 더 부끄럽기도 했고, 내가 이런
세상을 모르고 살았다는 게 부끄럽기도 했고, 그래서 마음이 가슴
이 막 벅차올랐어요.

근데 막… 근데 또 한편으로는 슬프죠. 그런 데 가면은 제가 제
일 힘들었던 게, 음악. 가면은 이렇게 노래를 부르잖아요. 그게 너
무 힘들었어요. 제가 거의 2년을 라디오를 한 번도 켜본 적이 없어
요. 지금은 이제 괜찮아져서 제가 라디오를 켜는데, 그때는 애 아
빠랑 차를 어떻게 하다가 차를 똑같이 이용하게 되면 애 아빠는 [차
안에서] 그 시사프로그램을 늘 듣거든요. [그래서] 라디오가 켜져 있
어요. 그래서 [다음에] 제가 시동을 걸면 라디오가 자동으로 켜지는
경우가 있거든요. 그러면 제가 얼른 껐어요, 음악이 나오니까. 그
리고 세상 돌아가는 뭐, 이렇게 엠시[MC]들이 무슨 얘기 하면서 웃
기도 하고 막 그런 것들이 너무 거슬려가지고, 듣기 싫어 가지고

제가 라디오를 2년 동안 듣지를 않았어요, 운전하면서. 근데 이제 그… 집회만 가면 음악을 트는 거예요, 네. 또 막 기타 치고 노래 부르고 아주 미쳐요, 사람이. 여기를(귀를 막으며) 막, 듣기 싫어 가지고. 근데 그것도 하나의… 뭐라고 그럴까, 꼭 필요한 거잖아요. 필요한 건데 저는 이제 들을 준비가 너무 안 되어 있어 가지고 도망을 갔다 온 적도 있어요. 너무 듣는 게 힘들어 가지고, 노래 나올 때쯤 되면 갑자기 "화장실 간다"고 그러고 저 끝에 가서 안 듣고 다른 거 보고 오고 막 그런 경우가 되게 많았어요, 초창기 때. 근데 이때도 제가 음악 듣기 싫어 가지고 막 저 끝까지 화장실 갔다 안 나오고 이런 경우도, 이날도 그랬어요.

면담자   수현이가 음악을 좋아하는 아이였으니까 어머님이….

수현 엄마   네. 어우 근데, 왜 그랬는지 하여튼 음악이[을] 듣는 게 너무 힘들었어요. 그거랑 올라오는, 무대에 올려지는 연극 같은 것들이 너무 힘들었고. 왜냐면 저희 아이들을 소재로 한 그런 연극이라서, 이게 나중에 보다 보면 숨이 여기까지 차서 숨이 안 쉬어져요. 그러니까(한숨), 나 살겠다고 그런 건지 너무 힘들어 가지고 나중에는 귀를 이렇게 틀어막고 제가 안 들은 적도 있고 막 그래요, 힘들어 가지고.

면담자   내용이 좀, [사람들한테] 알린다고 하는 내용이었지만 부모님들이 보시기엔….

수현 엄마   네. 다 알리는 건데(한숨). 지금도 제가 수현이 마지막을 상상하면 숨이 안 쉬어지거든요(눈물을 글썽이며). 그래 가지고 그런 연극을 보면 상상이 되니까 너무 숨이 안 쉬어져 가지고 그런 것들이 너무 힘들었어요, 집회 갔을 때. 인상적인 거는 시민분들이었는데, 힘든 거는 그런 노래나 연극 같은 게 너무 힘들었어요(한숨).

면담자   근데 또 부모님들을 위한다고 하니 하지 말라고 할 수도 없으셨을 거고.

수현 엄마   그러니까 그게 제가 부모니까 참아내야 되는 건데… 그게 너무 많이 힘들어 가지고. 진짜(한숨) 너무 많이 힘들었어요. 제가 참기 힘들 정도로 너무 많이 힘들어서, 집회 갈 때마다 그게 제일 힘들었던 것 같아요. 뭐 몸 힘들고 이런 건 둘째 치고, 그 저희 아이들 소재로 한 연극하고 그런 음악들이 하여튼 저한테는 되게 많이 힘들었어요.

면담자   이제 8월 15일, 아까 말씀 드린 특별법 제정 촉구 범국민 대회 때, 교황이 왔을 때 상황 말씀 부탁드릴게요.

수현 엄마   말도 못 해요, 그날. 뭐에 막 휩쓸려 가지고 세종문화회관에서 저희가 반별로 계단에서 잤어요. 근데 제가 워낙 잠을 못 자는, [원래도] 자리가 바뀌면 잠도 못 자는데, [그때는] 저희가 또 힘든 시기였잖아요. 그니까 잠을 더 못 자죠. 그러니까 한숨도 못 잤어요. 그런데 또 제 기억에 한 [새벽] 3시 정도 됐는데, [이따가] 사람이 많으면 자리도 움직이지를 못한다고, 3시 좀 넘으니까 이동하래요. 그래 가지고 교황님 오시는 자리로 저희가 이동을 했어요. 근데 뭐 [그때가] 새벽 3신데 저희가 [계단에] 자리 잡고 했던 게 막 12시, 1시 이랬던 것 같아요. 모여가지고, 반끼리 모여서 광화문 올라와서 세종문화회관에 반별로 '어떻게 어떻게 하라'고 듣고 이제 자리 잡은 게 한 12시, 1시, 새벽 그때쯤이었는데 3시 되니까 움직이래요. 이제 누워서 좀 잠을 [자려고] 이제 뒤척뒤척하는데 움직이라고 해가지고 움직였죠, 새벽에. 그런데 이제 검사, 신분증 검사 다 하고 자리에 가서 앉고 정리하니까 막 동트더라고요. 그래 가지고 이제 조금 환해지고 막 이런데… 그때 화장실 가는 것도 전쟁이었어요, 사람이 얼마나 많은지.

근데 이제 저희가 그랬던 거는 교황님한테 저희, 방송에서도 잘 이야기 안 해줬잖아요, 저희 일을. 다 이제 잘못된 보도들 나가고 이러니까 교황님한테 알려서 전 세계에 이 조그만 진실이라도 알려보겠다고, 막 그 어떤 기운에 그렇게 했는지도 모르겠어요. 잠도 하나도 못 자고 막 먹는 것도 허술하고 이랬는데. 하여튼 그래서 교황님 올 때까지 기다렸어요. 교황님이, 교황님한테 조금이라도 알려보면 뭔가 좀 '조그만 희망이라도 생겨볼까?' 이러한 그 하나 마음으로 기다렸는데. 음, 유민 아빠 그때 단식하고 계셨었잖아요. 정말 아…(한숨), 말도 못 하게 마르셨었잖아요. 진짜 툭 치면 쓰러질 것같이 그 정도셨는데. 이제 교황님한테 유민 아빠가 한번 알려보겠다고 [해서] 저희 부모들이 다 앉았어요. 누군가 "앉으라"라고. 그래야 유민 아빠가 가서 얘기할 수 있을 것 같아서 저희가 다 앉았죠. 다행히 교황님이 그냥 지나가시지 않고 이제 유민 아빠를… [손을] 잡아주셨죠. 근데(한숨) 그때까지도 너무 희망적이었어요. '아! 교황님이 우리 말을 들어줘서 이제 뭔가 변화가 올 거야' 했는데, 그 힘든 과정이 끝났음에도 불구하고 변한 건 없더라고요. 교황님한테 그냥, 교황님이 우리 마음만 어루만져 준 거지, 그 외에 뭐 정치적으로나 우리한테 실질적으로 법이 어떻게 바뀌고 이런 실질적인 변화는 하나도 없었고, 단지 그냥 교황이 마음 어루만져 준 거? 그것도 감사하긴 한데 저희가 '너무 큰 희망을 교황님한테 걸고 있었구나' 이런 생각이 들더라고요. 그래서 변한 건 아무것도 없었어요. 그래서 '아, 또 그냥 희망만 부풀어 있었지, 또 이 작은 희망조차도 사라졌구나' 이런 생각에 저는 좀 허망했어요. 너무 제가 기대를 해서 그런 건지. 전 세계적인, 저기 어떻게 [보면] 정신적인 지주라 할 수 있는 거고, 그러니까 뭔가 좀 영향력이 클 거라고 제가 생각을 했나 봐요. 그래서 제가 '너무 큰 희망을 걸고 있었구나' 이런 생각이 들어서 갔다 오고 나서(한숨), 몸은 몸대로 힘들고 정신은 정신대로 피폐해지고 막 너무 힘들었는데, '아무것도 아니네' 또 이런 생각이 드니까 되게 힘들더라고요. 그래서 많이 힘들었어요.

근데 또… 근데 또 저희한테 힘 주는 시민분들 보면 막 힘들었다가[도] (한숨 쉬며) '그래도 나가야지' [그렇게 돼요]. 그리고 제가 광화문에, 이제 광화문이나 싸우는 집회나 이런 곳에 제가 열심히 나갔던 이유는 '수현이 엄마', '수현이네'가 싸우고 있다는 거를 알리고 싶었어요. 그래 가지고 최소한 제가 주저하지 않고 '수현이 엄마로서 뭔가 하고 있구나' [하는] 이 모습을 당당하게 보여드리고 싶었거든요. 그래서 제가 그 힘으로 나갔던 것 같아요.

근데 또 그 자리에 늘 저한테 "어머니, 힘드신데 어떻게 이렇게 하시냐"고 "힘내시라"고 "함께 할 거다"라면서 끝까지 함께 하신다는 이런 [시민분들] 얘기 들으면 힘이 다 빠졌다가도 저도 모르게 또 막 힘이 나가지고 나와요, 저도 모르게. 그래서 제가 그때 정말 체력이 안 좋았거든요. 거의 막 43킬로그램 이렇게, 살이 너무 많이 빠져서 43킬로그램 정도 나갈 때였어요. 보시는 분들마다 "너무 마르셨다"고 그러면서 "어디 아프시냐?"고 맨날 그렇게 물어보실 때였거든요. 근데도 제가 나왔다니까요. 그러니까 그 용기, 시민분들이 함께 한다는 그 마음이 어… 저한테 늘 그런 힘을 주신 것 같아요. 지금 생각해도 그런 힘이 없었으면(한숨) 저는 못 했어요. 저는 힘들면 그냥 눕는 스타일이거든요. 그냥 자리보전해요. 이렇게 감기 걸리면 아무것도 안 하고 누워버리는 스타일인데, 제가 계속 눕지 못하고 나올 수 있던 힘이었던 것 같아요, 그게.

그리고 또 하나는 제가 수현이 엄마였던 거하고 시민분들의 그 힘하고 그래서 나올 수 있었지, 제가 수현이 엄마 아니었으면 못 나왔죠, 그죠? 그렇더라고요. 네. 그래서 저는 어떻게 그렇게 많은 시민분이 함께 해줄 수 있을까…. 너무 감사드리죠. 지금도 그거는 저희가 다, 어떻게 일일이 다 감사 못 드려요, 그 마음을.

면담자　　　　정말 말 그대로 참사였으니까. 제 기억을 말씀드리면, 제가 그 당시에 조교였거든요. 그때 TV를 보면서, 1차 때 말씀해 주셨지만 저도 '구조될 거다', 당연히 그렇게 큰 배인데 그렇게 빨리 침몰될 거라고 전혀 상상도 못 했고 같이 소식을 본 아이들이랑, 대학생들이랑도 '애들 다 돌아올 거다'고 당연히 생각했어요.

수현 엄마   저도 다….

면담자   그니까 그때 아마 보신 분들 다 똑같았을 거예요. 그 사건 현장을 같이 보신 거잖아요.

수현 엄마   네. 저희 아이들이 안에 있었는데.

면담자   그러니까 부모님들도 트라우마시지만, 그걸 본 국민들도 아마….

수현 엄마   생중계됐잖아요. 정말 생매장시키는 거를 온 국민이 목격한 건데, 정말.

면담자   국민적인 트라우마가 됐죠.

수현 엄마   진짜, 예. 이거는 진짜 있을 수가 없는 일이죠.

8
청운동 주민센터에서의 농성

면담자   어머니, 그럼 8월 22일부터 청운동 주민센터에서 농성하셨던, 이것도 한 76일 정도 하셨는데 그때 기억을 말씀해 주세요. 청운동에 가셨을 때 여러 가지 일이 있으셨을 텐데요, 청와대랑 가까워서. 그런 기억들 말씀 부탁드릴게요.

수현 엄마   어휴(한숨), 말도 못 해요. 제가 '혹시 사찰당한 거 아닌가' 하는 거를 그때, 물론 그 전에 팽목에서도 저희 동생도 "뭔가 이상하다"고 "자꾸 누군가 우릴 보고 있다"고 해서 이제 정보과 과장을 저희가 직접 잡은 적도 있고 그랬었는데, 또 사찰, 뭔가 '우리 뒤를 캐보나?' [생각이 드는] 그 일을 겪었던 게 이 집회할 때. 저희가, 이제 아침에 갔다 제가 여기서 잠은 못 잤거든요, 한 번도? 근데 아침에 갔다 저녁에 [오는 게는 거의 일주일에 늘 서너 번은 갔으니까, 경빈 엄마랑 늘 같이 갔었어요, 4반. 이제 4반이 이렇게 나눠서 국회로 가는 팀이 있었고 이제 광화문 가는 쪽이 있었는데, 이제 중간에 저희 4반은 국회보다는 광화문을 많이 갔거든요.

그 나중에, 아니 청운동을[에서]. 근데 이제 아침에 가면은… 처음에는 깔고 덮는 비닐을 안 줬으니까, 경찰들이. 그래서 맨바닥에 이제 시작을 했어요. 저는 잠을 못 자고 왔다 갔다 했었을 때 이제 자면서… 할 일이 없잖아요, 낮에. 그러면 이제 뭐 발언도 하고, 그 다음에 또 뭐 시민분들 오면 시민분들 발언하는 것도 들어보고, 서로 발언도 하고, 뭐 써서, 종이비행기에다 뭐 써서 날려보기도 하고, 뭐 이렇게 종이 써서 발표도 하고, 뭐 이런 걸 했었거든요, 활동을. 그리고 중간에 피케팅을 했어요, [청와대 분수 앞에] 들어가서. 근데 두 사람 이상 들어가면 안 돼요, 잡아요. 그래서 둘이 들어가면 경찰[이] 두 사람이, 저 같은 경우는 두 사람이 따라붙어요.

그래서 들어갔는데 정보과, 그 국, 청와대 분수 그 옆에 있는 사무실 있잖아요, 그게 정보과인가요? 제가 생각하기엔 정보과 같은데, 그 사람이 와서 자기도 자식이 있는데, 6살, 몇 살 이렇게 딸, 아들 자식이 있는데 "부모님들 다 이해한다"고 자기도 "아마 이런 일을 당했으면 부모님들처럼 했을 거다. 더하면 더했지 덜하지는 않았을 텐데 제가 하는 일이 이래서, 이렇다 보니까 미안하다, 죄송하다" 하면서 "충분히 이해한다"고 자기가. 그런데 이제 자기 할 일 때문에 이래서 "너무 죄송하다. 이렇게 따라다닐 수밖에 없다. 두 분이 같이 서 있지는 말고 따로 피케팅을 해라" [하더라고요]. 그때 경빈이 엄마랑 들어갔을 거예요, 둘이. 근데 저희가 이제 그러면 "둘이 피케팅하는 걸 사진을 찍어달라" 그랬더니 그거는 또 그분이 호의적이니까 저희한테 찍게 해주더라고요. 대신 "두 분이 나란히[는] 서 있지는 말고 번갈아 가면서 피케팅을 하라"고 했어요.

[피케팅] 갔는데 중간에 저랑 이렇게 얘기를 [하는데], 이제 감시를, 저희가 갈 때까지 감시를 하거든요? 계속 서서? 그래서 서 있어서 얘기를 하게 됐는데 '딸이, 어떻게 수현이…', 벌써 알죠, 누구 엄마 들어왔는지, 이제 무전 쳐서 아니까. 근데 이제 뭐 "[수현이한테] 누나가 있냐? 동생이 있냐?" 물어보더라고요. 그래서 "누나가 있다"고 그랬더니 "대학교 들어가냐?"고 그래서 "들어간다"고 그랬더니 "합격됐냐?"고 그래서 "됐다" 그랬더니, 그때 ○○이가 □□대가 발표가 났었거든요. 그래서 [그 사람이] "□□대 같은 데 가냐?"고 이렇게 얘기를 한 거예요. 근데 그때 다른 학교는 발표가 안

수현 엄마 이영옥

나고 □□대가 발표가 났었을 때에요. 그래서 제가 ○○이 □□대 갈 거라고 이렇게 얘기를, 사람들한테 얘기하고 다녔었거든요, 그때? [누가] 물어보시면 "□□대 됐다"고 이렇게 제가 얘기를 했었는데, 어떻게 알고 그 얘기를 했는지 그때 "□□대 같은 학교가 됐냐?"고 저한테 물어봤어요. 그래 가지고 '혹시 애네들이 뭘 알아보나?' 이런 생각이 들었거든요. 그래서 응, 그런 [게] 그게 기억이 나네요. 그래서 '유가족들에 대해서 알아보나?' 이런 생각이 났어요.

면담자　　　그리고 이제 76일이나 있다 보니까 거기 계시다 보면 뭐 시민분들도 방문을 많이 오시는데, 시민들 방문을 막기도 했다고 하더라고요.

수현 엄마　　　네. 못 들어오게 했었어요. 저희 여기 안에 있으면 막 못 들어오게도 하고, 나중에는 부모님들이 지치니까, 주무시던 분들 다 나중에 가시고는, 주무시는 분이 몇 분 안 되시는 때도 있었어요. 그래서 낮에 가면은 다섯 명, 여섯 명, 저희는 낮에는 늘 가니까, 경빈 엄마랑. 뭐 여섯 명 있을 때도 있었는데, 그때 막 시민분들 못 오게도 하고 진짜 장난 아니었어요. 왜 막는지도 이유도 몰라요. 막고, 막. 처음에가 더 심했죠. 처음에 집회, 거기 농성 시작한 지 얼마 안 됐을 때는 막 유가족도 못 들어가게 했으니까. 막 싸우고 짤 얼었어요, 저희도. 이제 낮에 분향소에서 버스가 출발해서 오면은 벌써, 그 뭐죠? 자전거 타는 경찰. 향소생각 안 나. 그분들을 뭐라 하잖아요. 그 자동차 타는, 기동대? 뭐 그분들이 붙어요.

그래서 남바[무전으로 버스 넘버] 벌써 쳐요. 그럼 "유가족 몇 명, 운전기사분이 몇 명 왔다" 이렇게 하면은 무전이 벌써 가가지고 버스 오면 벌써 왔는지 안 왔는지 다 알아요, 걔네가, 경찰이 그럼 이제 들어가려고 하면 막아요. 몸싸움하고 막 "아! 왜 막냐"고 이렇게 큰소리 내고 싸우고 밀치고 들어가야지 들어갈 수 있고, 처음엔 그랬어요, 저희가 올라오더라도. 딱 가는 게 완전히 전쟁이었어요, 처음에. 그런데 나중에는 사람이 많지 않으니까 그냥 오든 말든 신경도 안 쓰더라고요(웃음). 대신 경찰차는 완전히 둘러쌌는데 그게 이제 뭐 세 대가 됐다, 두 대가 됐다, 한 대가 됐다 이렇게 줄더라고요. 그래서 그때는 자유스럽게 왔다 갔다 했죠. 나중에는 아마 경찰차도 없었던 것 같아요. 경찰 몇 사람만 저희 감시하고, 피케팅하러 들어가면 꼭 이게 누군가 따라붙고, 계속. 그래 가지고 저는 청와대 분수대가 그렇게 원래 막는 덴 줄 알았어요, 못 들어가는 건 줄 알았어요. 그런데 가보니까요, 제가, 관광객들이 거기까지 다, 거기보다 더 안까지 다 들어가는 거예요. 그래 가지고 너무 황당해서 저는, 원래 그런 건 줄 알고 들어갔다가 정말 너무 황당했어요. 그래서 "우리는 대한민국 국민이 아닌가 보다" 경빈 엄마랑 둘이 그러면서 "우린 국민 아니야" 그러면서 들어갔어요. 거기 중국 관광객도 다 다니는데. 그것도 참(한숨), 슬펐죠. '저는 대한민국 국민이 아니구나' 이런 생각 때문에, 네.

면담자 여쭤보는 게 되게 죄송하긴 한데, 그래도 그 와중에 좋았던 일, 조금이라도 위안이 됐던 기억이 있다면요?

수현 엄마 이영옥

수현 엄마 아(웃음), 위안은 아니고. 위안? 위안이라면 다 대부분 시민분들이죠, 뭐. 시민분들이… 저희 고생한다고 정말 그 손수밥을 막 지어갖고 오세요. 그럼 이제 진짜 따뜻한 집밥을 먹는 거죠. 그래 가지고 솔직히 집에 있는 거보다요, 거기 광화문, 청운동 갔을 때가 훨씬 잘 먹었어요. 왜냐면 시민분들이 고생한다고 너무 많은 거 챙겨주셨거든요. 뭐 어떤 분은 삼계탕 포장해서 보내주시는 분도 있고, 여기 커피 □□, 그분도 너무 감사드려요. 덥다고 커피, 뭐 거의 맨날 넣어주셨을걸요. 뭐 아이스커피부터 시작해 가지고 음료 같은 거 대놓고 다 넣어주시고. 그다음에 뭐, 하여튼 먹는 거는 너무 많았어요. 다 시민분들이 보내주신 것들. 그래서 솔직히 집에서는 안 먹는데 나오면, 일단 활동하니까 잘 먹게 되잖아요. 그래서 잘 먹었던 기억.

그거랑 대부분은 뭐, 대부분은 다 시민분들이 와서 해주신 거. 뭐 대부분 똑같아요, 용기 주시고 간 거. 그리고 이제 한번은 예은이 할머니가 진짜 집밥을 해갖고 오신 거예요, 많이. 근데 어르신이니까 진짜 맛있게 하시잖아요. 너무 맛있는 거예요. 그 와중에 저희가 왜 [여기] 와 있는지 기억이 안 날 정도로 너무 맛있는 거예요(웃음). 먹고 나서 너무 미안한 거예요. '내가 이렇게 잘 먹어도 되나?' 어휴 자식도 없는데 내가 너무 잘 먹은 거예요. 어머니가 해주신 옛날 집밥 맛인 거예요. 그래 가지고 너무 감사하더라고요, 할머니한테. 그래 가지고 진짜 많이 갖고 오셔가지고 거기 있으신 분들하고 다 같이 먹었고.

또 하나 인상적인 거는 목사님. 그, 지금 성함이 잘 기억이 안 나는데 목사님[이윤상 목사]이 거의 계속 계셨어요. 교회 일이 없으시면, 아니 있으면 가셨다가 [오시고] 거의 여기 청운동 농성장에 계셨는데, 그 목사님이 저는 '어떻게 저렇게 하실 수 있을까' [생각했어요]. 당신 일이 아니잖아요. 근데 거의 유가족보다 더 많이[오래] 계셨어요. 그래 가지고 그 목사님한테 늘 뵈면은 "감사합니다", 제가 [인사]했던 기억이 나요. "너무 감사드려요, 목사님" 늘 제가 말씀드렸거든요. 그래서 그 목사님, 너무 감사드리죠. 그리고 영석 엄마, 진짜 고생 많았죠, 거기 살림살이하느라고. 다 들어오면 다 딱딱 나눠서 정리하고, 깔끔하게 정리 쫙 해놓고, [사람들] 오면은 밥 챙겨주고, 진짜 고생 많았어요, 영석 엄마. 가보면 또 뭐라고도 막 해, 혼내기도 해. 엄청 혼났어요. 그렇긴 했는데 아, 영석 엄마 아니었으면 거기 그렇게 유지 안 됐겠죠. 고생 진짜 많이 했어요, 영석 엄마. 네. 밥도 다 챙겨주고, 정리도 다 영석 엄마가 하고 그랬어요.

면담자   그렇게 오래 상주하고 계신 목사님도 계셨고, 수녀님들도 방문하셨다고.

수현 엄마   수녀님들도 많이 오시고, 종교계….

면담자   김제동도.

수현 엄마   뭐, 김제동 씨 올 때는 저 한 번도 못 봤어요. 저 올 때는 김제동 씨 안 오더라고요. 김제동 씨를 한 번 못 봤고, 이제 왔다 갔다고 얘기만 들었고. 그다음에 또 청운동에서 처음에 이렇게 꾸려지지 않을 때, 나중에 이렇게 뭐 나무도 있고 그랬죠, 그 전에는 진짜 깔개 깔고 잤어요. 근데 4반에 혁이 엄마랑 저는 왜 이렇게 나오면 잠을 잘 자는지(한숨). 그래 가지고 둘이 또(웃음), 혁이 엄마 진짜 잘 자요, 나오면. 막 도로 바닥에서도 자고. 집에서는 못 자서 수면제 드시고 하는데 나오면 잘 주무시는데, 저도 오면은 경빈 엄마는 잘 못 자는데 저는 또 자요. 그래 가지고 집보다 더 잘 잤던 것 같아요, 농성해 가지고. 네네. 네, 가끔 그 자면은… 초창기 때는 제가 와서, 이렇게 상주할 때는 못 잤는데, 초창기 때는 한두 번 정도 잤거든요. 그때는 그냥 맨바닥에서 잤어요. 그냥 비닐 같은 거 이렇게 깔고 맨바닥에서 자가지고, 거의 나중에… 이제 도와주셔 가지고 나무 같은 거 짜서 나중에는 그 나무 위에서 잤던 것 같아요.

근데 청운동에 하수구 냄새가 엄청 심해요. 거기 있으면 막(한숨) 오바이트 나올 정도로, 네. 정말… 하수구 냄새가 끝장나게 나요. 근데 거기서 아침에 주무시고 막 밤에까지, 이렇게 계속 상주하신 분들은 그 냄새 어떻게 참으셨나 모르겠어요. 저는 아침에 갔다 저녁에 나오죠. 대단하신 것 같아요. 그분들한테 진짜 되게 미안했어요. 제가 아침에 갔다가 밤에 나오면서(한숨) "간다" 소리를 하는 게 너무 미안한 거예요, 저는 자고 가고 싶은데, 마음은 늘 여기에 있는데, 그런데 ○○이가 있으니까. 그래 가지고 오면서 그 미안했던 마음 그거를, 마음은 늘 여기 놔두고 있는데 몸이 와야 되니까 너무 미안해서 하여튼, 부모님들한테 그게 제일 죄송했어요. 여기서 같이 못 하고 오는 게.

면담자   그럼 이제 2015년 1월 26일에서 2월 14일, 안산에서 팽목항 19박 20일 도보 행진. 인양이 결정되지 않고 있어서 빨리 인양하라고 19박 20일 도보 행진 하셨던 일. 그거에 대해서 말씀 부탁드릴게요.

수현 엄마   저는 그때 수원까지만 첫날 도보를 했어요. 수원에 성당에서 저녁 먹고 그리고 이제 갈 사람은 가고 계속 도보하실 분들은 했는데 그때도 제일 죄송했던 게, 완주하셨던 부모님들한테 너무 죄송했어요. 왜냐면 다들 몸이 안 좋은 상태셨잖아요. 지금도 다 안 좋으시긴 하지만 그때는 초창기라 막 충격도 많이 받고 이래서 더 많이 아프셨던 것 같아요. 근데⋯(한숨) 다 각자 각자 사정은 있겠지만 너무 죄송하더라고요, 다 못 하는 거에 대해서 되게 미안한, 늘 마음은 있어요, 제가. 그래서 첫날 그렇게 도보하는데 다 부르텄죠, 벌써, 막 물집 생기고. 10킬로미터, 그때 10킬로미터인가 제가 걸었던 것 같은데⋯ 하여튼 물집 다 생기고 했는데 그때 아쉽게 함께 못 하고 돌아왔던 그 미안함, 그런 것들이 있었고.
    저희 4반 도보한 날이 담양, 광주에서 출발해서 담양까지 저희가 간 날이…. 아니면 담양이 먼전가요? 담양 가서 광주로 갔는지 제가 헷갈리는데, 지금. 선생님, 담양이 먼저예요, 광주가 먼저예요? 지금 헷갈려요.

촬영자　　　광주가 먼저.

수현 엄마　　맞다. 광주에서 출발해서 담양에 숙소에서 이제 자고 그리고 이제 저희가 어디를[로] 출발했다가 제가 4반하고[4반 담당구역을 걷고] 돌아온 날, 그날이 제일 추운 날이었어요. 그해 겨울에 제일 추운 날인데 정말, 옷을 얼마나 많이 껴입었는지 화장실에 가면 시간이 다들, 엄마들이 너무 오래 걸리는 거예요. 근데 이렇게 한꺼번에 가다가, 도보를 하다가 화장실을 [가려고] 쉽잖아요. 그러면 한꺼번에 우르르 화장실을 가게 되니까, 화장실에서 지체하는 시간이 너무 오래 걸리는 거예요, 옷을 너무 많이 껴입어 가지고. 근데도 엄청 추웠어요. 그렇게 껴입었는데 너무 추워 가지고 정말, 어떻게 이렇게 추울 수가 있는지. 그래서 추워서 고생했고, 그다음에 또 많이 추우니까 또 빨리 걷기가 힘들었고.

　근데 너무 신기한 게, 처음에 출발할 때는 [사람이] 얼마 없어요. 얼마 없는데 점점 가면서 시민분들이 불어나서 막 길이가, 길이가 엄청 긴 그런 대열이 되고. 그리고 제가 느끼지 못했던 경찰에 대한 편견을 다 깨부순 게, 그때 도보예요. 그때… 저는 경찰이 늘 저희를 막는 역할만 하는 사람들이 경찰이고, 저희를 억압하고, 저희가 뭐 집회할 때나 농성할 때나 늘 뭔가를 못 하게 한 사람들이잖아요, 막는 사람. 근데 광주에 갔는데, 와!(감탄) 그 많은 경찰이 막는 게 아니고요, 저희를 보호하기 위해서 존재한다는 걸 그때 처음 알았어요, 경찰이. '시민을 보호하기 위해서 존재하는 게 경찰이구나' 그걸 알게 해준 게 광주의 경찰분들이세요. 그리고 제가 서명 가면 경찰은 절대 서명 안 해요. 그리고 "저기, 서명 좀 해주세요" 그러면 "이따 할게요" 이러고 안 해요. 어디를 가도 경찰은 서명을 안 해요. 근데 광주에[의] 경찰분들은 다 서명을 해주세요. "서명해주세요" 그러면, 해달라고 안 해도 자기들이 와서 다 서명을 하고 가요. 그래서 '아, 경찰이 이런 거구나' 그걸 안 곳이 광주예요, 광주 도보할 때. 그래서 너무 신기해 갖고 제가, 너무 신기해서 "저 경찰분들 사진 찍고 싶어요" 그래 가지고 차로 이렇게 이동하면서 제가 잠깐 시민단체분 차를 탔는데 [그분한테] 이 루프, 썬루프 열어 달라고 해가지고 제가 올라가서 사진을 찍었으니까, 처음으로. 제가 사진 찍는 걸 별로 안 좋아하거든요, 사진 잘 못 찍어요. 근데 그때 제가 "저 사진 찍고 싶어요" 갑자기 그래 가지고 찍은 게 광주예요. 그 완전히 다, 그 야광색 유니폼 입은 경찰분들이 다 저희를 보호하기 위해서 가이드라인 치고 저희랑 같이 도보하셨으니까. 하여튼 그래서 제가 좀 마음이 너무 따뜻해서 왔던 그 도보가 광주 할 때, 저희 반.

면담자　　　　이상하게 지역마다 다른 점이 있긴 있나 봐요.

수현 엄마　　　다 달라요. 느낌이 다 달라요. 근데 제일 감동적이고 가슴 벅차고 감사했던 데가 광주.

면담자   그 당시에 인터넷에서도 촛불집회 하면 광주에서는 가이드라인을 쳐준다고 하더라고요.

수현 엄마   네, 여기 경찰하고 너무 달랐어요. 그래 가지고 제가 '대한민국에도 이렇게 진정한 경찰이 있구나' 이걸 알게 해주신 분들이 광주의 경찰분들. 너무 감사했어요. 네, 그래서 '이렇게 분위기가 다를 수 있구나', 예, 그거 알았죠. '똑같은 나라에 똑같은 경찰인데 이렇게 다르구나' 이걸 알게 됐죠.

면담자   국회의원도 너무 다르잖아요.

수현 엄마   네, 국회의원도 다 다르잖아요, 진짜.

면담자   어머니 이제 4월 4일 2차 삭발식 이후에 1박 2일 아이들 영정 사진 들고 광화문까지 도보 행진 하셨던 기억에 대해서 여쭤볼게요. 혹시 그 계획을 세우던 과정에 대해 기억나시면, 그때 '어떻게 할 것인가' 하고 부모님들이 의견도 나눴었다고….

수현 엄마   저는 제가 음… 그때도 무슨 일이 있었어요, 저한테. 그래서 제가 음… 중간에 합류를 했을 거예요. 음… 시흥에서 합류했어요, 저는. 저는 버스를 타고 그때, 아니다. 누가 태워다 줬는지, 그래서 제가 버스를 탔는지? 그래서 시흥에서 내려서 이제 시흥 도보하는 팀하고 합류해서 갔는데, 그때는 정말 너무 힘들어 가지고요(한숨). '언제 체육관에 오지?' 하는 [생각이 들었어요]. 광명체육관에서 저희가 잤어요. 가도 가도 체육관이 안 보이더라고요. 너무 힘들었어요.

면담자 늦게 도착하셨어요?

수현 엄마 네, 그때. 너무 힘들어 가지고 빨리 그냥 앉고 싶은 생각밖에 못 했던 것 같아요, 너무 힘들어서. 근데 이제 그때… 그때도 욕 많이 얻어먹었죠, 지나가는 차에서…. 응, 많이 얻어먹으면서 왔던 기억이 나고. 그리고… 제가 수현이 영정을 못 들었어요. 음… 제가 부모님들한테 너무 죄송한 게, 아… 저는 들지 못하겠더라고요. 근데 다 같이 들기로 했거든요, 상복도 입고. 근데 제가 상복은 입었는데 수현이 사진을 제가 아… 못 꺼내갖고 오겠더라고요. 수현이는 그때 집에 있었거든요. 네. 15년도에, 제 기억으로.

면담자 이사하시면서 가져가신 게 아니고.

수현 엄마 아니에요. 분향소에 있는 걸 저희가 뺐어요. 그때 갔는지 안 갔는지 모르겠는데. 예, 뺐다가 갔어요.

면담자 아버님 블로그에 2016년 7월 정도로.

수현 엄마 그거는, 이사할 때는, 수현이 유골함을 저희가 가져온 거고.

면담자 아, 하늘공원에서.

수현 엄마 네, 하늘공원에서 가져온 거고. 분향소에 있던 그 사진을, 영정 사진을 저희가 그때 집으로 가져왔었는데 그때 다시 데려다, 갔다 놨는지 안 놨는지, 나중에는 저희가 다시 데려다 놨어요. 부모님들이 도와[서], 이렇게 하셔가지고 갔다 놨는데.

면담자   그 당시에는 사진을, 아이를 집에 데려다 놓으셨던 상황이셨군요.

수현 엄마   네. 제가 들 자신이 없었어요, 솔직히. 수현이 사진을 제가…. 왜 그랬는지 제 마음을 설명할 수는 없는데, 들 자신이 없어서 그냥 상복만 입고 도보를 했는데. 그 부모님들이 들고 있는 그 영정 사진을, 아이들 눈을 제가 마주칠 수가 없었어요. 너무… (눈물을 글썽이며) 너무 미안하고 그래서, 제가 도저히 그… 영정 사진에[의] 아이들을 제가 볼 수가 없더라고요. 그런 마음이었던 것 같기도 하고. 그래서 제가 수현이 영정은 못 가져갔어요. 그래서 이제 광명에서… 하룻밤 자고 다시 도보해서 갔죠.

면담자   그때 여전히 길에서 욕하는 사람도 있었다고 하셨는데 혹시 특별하게 더 기억에 남는 일이 있으셨나요? 그래도 이런 건 좋았다고 할 수 있는.

수현 엄마   '좋았다', '나빴다' 이런 거를 말할 수가 없는 게, 늘 시민분들이 함께 했거든요. 체육관에서도 시민분들이 진짜 다 준비해 주시고. 그때 제가 뭘 느꼈냐면 '나 이러다가 사람 이상하게 변하겠다'. 왜냐하면 그전에는 제가 늘 누군가를 챙겨주고 "감사하다", 물론 제가 늘 "감사합니다, 감사합니다"는 하지만 어떻게 보면 그게 나도 모르게 나오는 자연스러운 행동일 수도 있잖아요. 그런데 제 마음에 늘 진심이 있어도 그냥 '입으로 "감사합니다"만 되[하]는 건 아닐까' 이렇게 조심스러울 때가 있거든요. 그래서 제가 늘 감사한 마음은 가슴 깊이 갖고 있는데, 혹시라도 '내 마음이 진심이 안 담기게 전달되면 어떻게 할까?' 이렇게 조심스러운 것도 있었어요. 그런데 늘 그분들하고 함께 있으니까, 좋은 거는 늘 시민분들하고 함께 있는 거고.

나쁜 거는 그런 것들이죠, 뭐. 늘 이렇게 용기 주고 이러시는 분들도 있는 반면에 또 뭐 "아직까지 너네 이러니?" 이러면서 욕하고 가는. 굳이 막 차 세워서 욕하고 가요. 그냥 지나가면 되는데 차 세우고 이렇게 지나가면서, 뭐 횡단보도 같은 데 이렇게 서 있으면 거기서 [창문] 내리고 뭐 빵빵거리고 "야! 차도 막히게" 어쩌구저쩌구 욕하고 가고 이러니까, 그럴 때는 또 의기소침하고 기분 나빴다 분노도 일어났다 화도 났다 뭐 이랬다가, 또 이제 시민분들 보면은 다 풀어졌다가.

네. 그러고 나서 이제 안 좋았던 거는 아이들 그… 영정 사진. 그곳에서 다 왔을 때, 그거를 이제 점심 먹는 곳에 그거를 조심스럽게 나란히 쭉 놓은 적이 있어요. 근데 그게 너무 슬펐어요. 너무 많더라고요. 제가 (한숨) 졸업식 때도 느낀 건데 '어떻게 저렇게 많을까…' 이런 생각이 들었거든요, 졸업식 때도. 근데 그날도 영정 사진을 다 놨는데, 너무 많은 거예요. 근데 그게 제일 마음이 아팠던 것 같아요. 그 영정 사진 보면서 (한숨 쉬며) '애들이 너무 많다' 그런 생각이 들면서 되게 많이 가슴이 아팠어요.

수현 엄마 이영옥

10
시행령 폐지 투쟁

면담자   그럼 3월 16일부터 4월 18일, 5월 1일 이때 계속 시행령 폐지를 요구하면서 연좌 농성도 하시고, 현판 앞에도 계시고, 함께 하던 시민들이 연행되기도 하고, 캡사이신 물대포 맞고 막 이런, 이런 일들이 있었는데. 날짜별로 말씀해 달라고 하기엔….

수현 엄마   기억 못 해요.

면담자   무리니까 그냥 통틀어서 어떤 상황이 있었고 어떤 느낌이었고 무슨 일, 제일 기억에 남은 일화, 어머님의 감정, 그런 것들 말씀해 주세요.

수현 엄마   어… 그때도 정말, 정말 고마우신 시민분을 제가 만났죠. 그때 현판 앞에 다음 날 제가 갔어요. 근데 현판 앞에 들어갈 때도 싸우면서 들어갔어요. 그때 제가 처음으로 경찰차 위에 한번 올라가 봤죠. 대체 어떻게 감쌌는지 궁금하더라고요. 그 [경찰들] 얼굴도 보고 싶고 그래서 제가 올라갔어요, 경찰차 위로. 올라가지더라고요. 그래서 가가지고 진짜 부수고 싶은 마음이 굴뚝같았는데, 보고서 하여튼 내려와서 이제 그때 농성[하면서], 그날 꼴딱 새고 안국역으로 저희가 도보해서 농성 들어갔던 것 같아요, 연결해 가지고. 그때 대학생들도 굉장히 많이 오고. 그날 진짜 엄청났어요. 다른 때하고는 좀 인원도 다르고 그다음에 좀 이렇게, 약간 그걸 뭐라고 그럴까, 약간 폭력적인 시위도 있었고, 그다음에 캡사이신의 농도가 남달랐고, 그다음에 캡사이신 말고, 그 뭐죠? 하얀 거? 최루탄 [쏘는] 정도도 정말 막 구멍 뚫린 데는 진짜 [물이] 다 나와, 숨을 못 쉬었어요, 눈물 콧물 다 나고. 그리고 또 우리 유가족이 앞쪽에 있었거든요. 그래 가지고 여기 온몸을 다 맞았어요.

그래서 속옷 다 젖고 막, 이게 살이 막 따가워 가지고 어떻게 막 추워서 오돌오돌 막, 그때도 추운 계절은 아니잖아요, 5월 달 지났으니까. 근데 막 추워서 제가 벌벌벌 떨고 있었는데 시민 한 분이, 이 근처에 집 있으신 분이 있다고 가서, 너무 많이, 너무 많이 이걸 맞았으니까, 흠뻑 다 젖었거든요, 하얗게. 그러니까 이제 "가서 씻고 와라. 피부병도 걸린다" 이래서 안국에 사시는 시민분이, 저희 그때 혁이 어머니하고 순영 언니하고, 순영 엄마하고 그다음에 혁이 누나하고 저하고 가서 씻고 옷을 또 막 주셔가지고 [우리 옷은] 드라이기로 막 말려서, 이제 대충 말려서 입고 이랬는데. 그때 막, 그 계절에 수박도 어디서 나셨는지 모르겠는데 수박도 주시고 커피 내려서 주시고, 정말 너무 감사한 거예요. 근데 당신이 사는 곳에 아무런 예고도 없이 그렇게 데려가서 샤워, 샤워하게 해주시고 이런 게 쉬운 건 아니잖아요. 그래서 그거 인연으로 돼서 가끔 집회 가면 또 오시니까 인사, 눈인사라도 하게 되고. 이제 정말 몇 년 지난 다음에, 몇 년 지난 다음에 진짜 제가 너무 감사해서 식사 대접을 해드렸어요, 몇 년 지나서. 그 전에 너무 해드리고 싶었는데 막 계속 저희가 활동하고 바쁘니까, 진짜 [시간이] 너무 많이 지난

다음에 사드리는데 너무 많이 죄송하더라고요. 그래서 [그때] 또 그분이 [오히려 밥을] 사주고 싶어서 나오셨었거든요. 그래서 제가 얼른 가서 미리, 밥 먹다 말고(웃음) 중간에 나가서 계산한 적이 있어요, 너무 감사해 가지고.

하여튼 그래서 그때 [그런] 기억이 있는데, 제가 [안국역에] 와가지고, [그 당시는 제가] 잠을 하나도 못 잤잖아요. [그때] 길바닥에서 이제 거의 밤을 샜는데 그때 안국역 있는 데서 경찰하고 저희하고 대치를 했어요, 그니까 오후까지. 이제 그렇게 최루탄 맞고 밤 꼴딱 새고 오후까지 대치를 했는데 너무 졸린 거예요, 한숨을 못 잤는데. 새벽에는 또 너무 추운데 낮에는 또 막 도로 아스팔트 위니까 너무 쨍쨍 쪄가지고, 저도 모르고 30분을 도로에서 잔 거예요. 혁이 언니하고 저하고 나가면 잘 잔다고 했잖아요(웃음). 둘이 늘어지게 도로 판에서 잤네요. 이불 뒤집어쓰고 잤어요. 근데 자고 일어나니까 머리가 너무 아프더라고요, 땡볕에 자가지고. 그래 가지고 뭐 경찰이 떠드는 소리고 뭐고 하나도 안 들렸어요, 30분 동안. 정말 너무 곤하게 잤어요, 30분을. 그러니까 좀 살 것 같더라고요. 꼴딱 샜으니까, 잠을. 그래 가지고 거의 못 주무신 부모님도 계시고 저처럼 막 도로 바닥에서 그냥 주무신 분도 계시고, 막.

그래서 어느 순간에 어여부여[어영부영] 그렇게 됐는데 그… 날이 밝기 그 전날 경찰들이 시민분을 이렇게 사지를 들고 가는 거예요. 물론 유가족도 막 사지 들어서 경찰차 태우고 했는데. 제가, 무전기 들고 있는 책임잔데 [그 경찰을] 제가 이렇게 딱 잡고 "왜 잡아

143
·
2회차

가냐?"고 "시민분을 왜 잡아가냐?"고 그랬는데 그 사람이요, 저를 일언지하에 이거를 (팔을 가르키며) 탁 친 거예요. 그래서 제가 이렇게 삐었어요. 그래 가지고 엉치가… 걷지를 못하는 거예요. 그래 가지고 그날 밤에 병원에 갔다 왔죠. 근데 타박상, 염좌 이래 가지고 엑스레이에 이상은 없는데 제가 걷지를 못해가지고 일주일치인가 약을 또 먹었죠, 제가, 그거 아파 가지고. 근데 단순히 제가 그냥 이렇게 붙들고 "왜 시민분인데 왜 잡아가냐?"고 이 소리 했는데 경찰이 저한테요, 이렇게 진짜 힘[으로] 이렇게 해서 탁 뿌리쳤는데 제가 도로 판에 깔은 거예요. 집회 현장에서 제가 그때 처음 다쳐봤죠. 근데 순식간이더라고요. 걔네들은 시민이고 뭐고 없어요. 그냥 딱 자기가 할 일? 요것만 그냥 머리에 있는 애들인가 봐요, 경찰이. 네, 엄청 심했죠. 그래도 저는 사지 들려 잡혀가진 않았는데, 그때 뭐 학생들이고 유가족이고 엄청 잡혀갔어요. 그래서 '와, 이거는 진짜 경찰이 아니다'. 네, 진짜 많이 잡혀갔죠. 저희가 또 면회도 가고 그랬었죠, 나중에.

면담자   면회 가셨던 이야기해 주셔도 돼요.

수현 엄마   그때 너무 감사했는데, 이 감사함을 어떻게 표현해야 될까 의논하다가 이제 광화문에 가서 파트 나눠서 어디어디 경찰서를, 지역을 다 나눠서 [가기로 하고], 저희가 은평경찰서를 갔었어요. 그래서 면회드리고 "너무 감사하다"고 "언제쯤 나오시냐?"고 그런 거 일일이 다 면회, 거기 계신 분들 다 면회드리고 그러고 나서 이제, 그날 또 나오시는 분이 계셨나? 그런 분이 있어서 나오실 때 같이 "너무 감사하다"고 감사 인사 드리고. 그리고 선생님이신 데 끌려오신 분도 있고 막 다양했어요, 대학생도 있고. 그래서 저희가 "진짜 감사하다"고. 그때… 또 말로만 감사드린다고 하는 거에 대해서 되게 죄송했죠. 그때 뭘 넣어드렸나 했던 것 같기도 하고. 뭘 드실 수 있게 안에 뭐 넣어드렸던 것 같기도 하고. 그래서 그때도, 그 은평경찰서 갈 때도 시민분이 태워다 주셨어요. 제가 버스를, 그때 차를 좀 끌고 가는 게 조심스러워서, 그래서 버스나 지하철을 타고 가야 될 상황인데 성미산마을의 선생님이, 그동안 저희 그 광화문이나 집회할 때마다 또 집밥 열심히 해서 같이 농성해 주시고 했던 선생님이, 그날 또 광화문에 와계셔서 가지고 너무 편하게 또 태워다 주서 가지고, 은평경찰서까지. 또 저희 [면회] 다할 때 같이 계셔주셨어요. 또 그때 앉아서 가지고 그 별, 다 떠서 또 걸어주시고 이러서 가지고, 그때 진짜 [감사했죠]. 그때도 늘 시민분이 계셨던 것 같아요. 너무 감사드리죠. 그래서 그때 그렇게 해서 갔다 왔죠. 그래서 [면회 가서] 감사 인사, 너무 죄송하다고 감사 인사 드리고 왔어요.

면담자　　　그때 많이 고생하셨죠, 어머님, 아버님들.

수현 엄마　　　시민분들이 고생하셨죠. 저희야 저희 일이니까. 저희는 당사자잖아요. 제가 진짜… 수현이 일 겪고 나서 많은 걸 배웠어요. 진짜 그전에 배우지 못했던 거를 (눈물을 글썽이며) 진짜 많이 배웠어요. 우리 수현이 있을 때 알았으면 더 좋았을 텐데. 뭐 그것도 감사한 일이죠, 알게 된 것도.

11
동거차도 감시단 활동

면담자   9월부터 동거차도 감시단 활동 하셨거든요. 동거차도에 들어가셨던 기억, 느낌 말씀 부탁드릴게요. 아까 어머님도 말씀해 주신 것처럼 집에서는 잠을 잘 못 주무시는데 오히려 활동하시면서 주무실 수 있는 것도.

수현 엄마   네. 잘 먹고 활동하면.

면담자   아이와 같이 있다는 느낌 그런 것 같아요. 근데 이제 또 동거차도에서의 느낌은 또 다르신 것 같더라고요. 그래서 그런 기억이랑 좀 말씀해 주세요.

수현 엄마   동거차도 진짜 힘들게 갔어요. 저는 진짜 너무 가고 싶었는데 ○○이가 제가 일주일씩 집을 비우는 거를 싫어해요. 그래서 혼자 이제, 또 아빠도 그때 활동을 하니까 집에 혼자 있었던 기억이 너무 많았던 거예요. 〈비공개〉 아이한테 양해를 구했죠. "엄마가 이렇게 해서, 엄마가 [동거차도를] 갔다 와야 마음이 편할 것 같다. 그래서 내가 일주일 갔다 오는 대신에 아빠가 일주일 동안 웬만하면 어디 안 나가는 걸로 약속을 했다" 그래서 아빠가 일주일 활동을 많이 안 하고 집에 웬만하면 있는 걸 약속을 받고 제가 이제 경빈 엄마랑 승묵 엄마랑 이렇게 셋이 갔어요. 근데 겨울이었어요. 너무 추웠어요. 근데 그때, 그때는… 이게 지금은, 나중엔 천막이 좋아졌는데 저희 갈 때는 겹겹이 비닐이 막 이렇게 쳐져 있어 가지고, 눈이 엄청 왔는데 눈보라가 그, 자는 데 밑으로 다 눈이 막 들어와요. 그러면 나중에 안에 눈이 막 들어와 있어요, 천막 안에. 근데 제가 또 운이 없나 봐요. 제일 춥다고 한 날이 그때 꼈어요. 그래 가지고 셋이서 추워 가지고. 나중에 그 도와주시는, 동거차도에서 도와주시는 분이 있었는데, 하루는 [초소에서 못 버티고 그분 집으로] 내려왔어요, 너무 추워서 있을 수가 없어 가지고. 눈이 너무 많이 왔는데 이게 무너지려고, 눈이 쌓여가지고 (웃음) 이게 무너지려고 해서.

그리고 너무 추워서 이제 하루는 그 도와주시는, 저희가 그냥 오라버니라고 하는 분의 그 집이 본거지예요. 거기다 이제 물건 놓고 가지고 올라가고. 근데 제가 거기서 햇반이 그렇게 맛있는지 (웃음) 처음 알았어요. 왜 이렇게 맛있는지, 정말 저는. 저희가 간식을 많이 안 해 갔거든요. 너무 후회되는 거예요. 거기서 이제 카메라 감시를 계속하잖아요. 감시할 일이 없으면 이제 가자마자 저희가 짐정리해서 싹 이제, 아버님들이 가시면 엉망이잖아요. 그러니까 이제 짐정리 싹 하고 그다음에 이제 경빈 엄마 카메라 [감시]하는 동안 승묵 엄마랑 저랑 다 정리하고. 교대로 시간 맞춰서 카메라로 감시를 하는데…. 이제 그 와중에, 중간에 시간이 비는 시간들이 있잖아요. 그리고 밤에는 또 이거를… 카메라가 안 보이니까. 근데 밤이 너무 길잖아요. 경빈 엄만 거의 안 자요, 계속 그거 '부엉이'[엄마공방 소품] 만들고, 계속. 저는 그런 걸 못 하니까 좀 있다가 이제 저는 눕죠. 그러면 경빈 엄만 새벽 내내 그거 만들고 있어요. 저희는 뒤척거리면서 잠이 안 왔다, 왔다 그렇게 하긴 하는데. 너무 먹는 게 먹고 싶더라고요. 제가 나가면 진짜 잘 먹거든요. 집에서는 잘 안 먹는데 그런 활동을 가면 일단은 아이에 대한 미안[한]감이 좀 많이 이렇게 없어지나 봐요. 잘 먹어요. 그래 가지고 경빈 엄마가 "하여튼 언니는 나오기만 하면 잘 먹는다"고 할 정도로 잘 먹어요. 근데 군것질을 안 가져간 게 너무 후회가 됐어요, 거기서. 그래서 이제 그거랑. 그건 좀 재밌는 기억이고.

너무 슬펐던 건, 제가 바다 근처 가는 거를 너무 무서워하거든요. 그리고 승묵 엄마는 저보다 더 심해요. 그래서 둘이 배를 탈 때 멀미도 하지만, 그 배 탔을 때 아이들 생각이 너무 많이 나가지고, 아우 막 이거를… 둘이서 얼마나 긴장을 했는지 그 생각이 나가지고. 나중에 승묵 엄마도 손이 안 펴지고 저도 손이 안 펴져요, 너무 긴장을 해가지고. 그나마 경빈 엄마는 몇 번 갔다 왔다고 저희를 위로하고 있어요, 똑같은 입장에서. 그래 가지고 참… 너무 상황이 어이가 없잖아요. 경빈 엄마도 똑같이 우리처럼 힘든 상황인데, 힘든 사람이 저희를 '괜찮다'고 위로하고 있으니 이게 무슨 상황인지 모르겠어요. 하여튼 그래서, 그 배 탔을 때 너무 그 두려움, 우리 아이들이 느꼈을 것 같은 그 두려움이 느껴지면서 배 타는 게 너무

148

수현 엄마 이영옥

두려웠어요.

그리고 이제 들어가서는 카메라를 낮에 고정시켜 놓고 어디를 갈 수가 있었거든요. 그래서 그 우리 아이들 부표를 해놓은 곳에 (한숨) 가재요, 경빈 엄마하고 승묵 엄마하고. 근데 저는 용기가 안 나서 "난 못 갈 것 같애. 나는 안 가고 싶어" 그랬더니 안 그러면 혼자서 거기 남아 있으래요. 근데 전 무서운데, 이제 산꼭대기 위에 저희 천막만 있으니까 너무 무섭잖아요. 그래서 이제 따라갔죠. 그 길을 따라갔는데… 셋이서 엄청 울고 왔어요. 애들(울음), 그러니까 애들 이름 부르면서 "너무 미안하다"고 "엄마 왔다"고 얘기하면서 셋이서 그 절벽에서 얼마나 많이 울고 왔는지, 많이 울고 왔어요. 근데 조금 속은 좀 풀리더라고요, 그렇게 하니까. 그래서 제가 그 바다에 대한 두려움이 굉장히 많은데… 음…. 조금, 제가 그때 참사 겪고 나서 배도[를] 탄 것도….

면담자   처음이신가요?

수현 엄마   그 해역에는 타고 나갔었죠, 수현이 때. [수현이] 돌아오기 전에 해역에는 나갔었는데 그 이후로는 그때가 처음이었던 것 같아요. 하여튼 막연한 두려움하고 공포 같은 것들이 굉장히 심했는데, 다시는 못 가겠더라고요. 나올 때도 둘이, 승묵 엄마랑 둘이 이제 손을 잡고 나오는데 많이 힘들었죠. 근데 그때도 느낀 건데, 그래도 제가 '한 번쯤 와봐야겠다'고 생각을 했던 곳에… 힘들기는 정말 되게 힘들고, 나중에는 머리도 못 감아서 막 비듬이 얼마나 많은지 머리가 떡이 져가지고 장난 아니었어요. 몰골도, 몰골 같은 것도 장난 아니었고 막 이랬는데, 그래도 한 번 갔다 오니까 마음은 되게 편했어요. 제가 그래도 '꼭 와봐야 될 곳에 한 번은 와 봐야 되겠다' 생각이 있어서 힘들긴 했었는데 마음은 좀 편해져서 [갔다] 오지 않았나 [하는] 생각이 들어요. 근데 배는 다시는 못 탈 것 같아요. 너무 두렵고 아이들 생각이 너무 많이 나가지고 (한숨) 힘들어요, 배 타는 것.

면담자   아까도 말씀해 주셨는데, 동거차도 초소가 초창기에 되게 열악했잖아요. 화장실도 없고.

수현 엄마   아, 화장실 장난 아니었어요, 진짜. 진짜 막 아, 화장실은 정말 생각하고 싶지도 않아요. 나중엔 변비 걸려가지고 (웃음) 얼마나 고생을 했는지 와가지고. 그리고 이제 완전히 한데에 그냥 구멍만 파놓으신 상태였어요, 천막도 못 쳤어요. 근데 아무리 사람이 없어도 너무 두려운 거예요, 누군가 볼까 봐. 그래 가지고, 아 많이 힘들었죠. 하여튼 너무 열악했어요. 나중에는 조금 좋아지긴 했는데. 부모님들이 정말 대단하시죠. 거기 끝까지 지켜내신 걸 보면, 네, 부모님들이 대단하시죠.

면담자   동거차도 그 위치에서 보면 아이들이, 위치가 보이잖아요.

수현 엄마   너무 가까웠어요. 진짜 우리 수현이는 수영해서 올 수 있는 거리였어요. 거기서 이제 저희가 하루 마을 분 집에 가 있었다고 했잖아요. 그분이 그러시더라고요. 이해를 못 하겠대요. 그냥 뛰어내리라고 하면 애들이 다 충분히, 그 뭐죠? 그물 같은 것도 쳐 있어서 조금만 하면 그거 잡고라도 올라올 수 있는데 왜 탈출하라는 소리를 안 했는지, "이유를 모르겠다"는 거예요. 그래서 그분이 그 얘기를 또 하시는데 막 그때 치밀어 올라왔던 그 분노를 다 정말 말로 표현할 수가 없어요. 정말 손 닿으면 그냥, 가까워요. 아무리 수영을 못해도 그냥 개구리 수영을 이렇게 허우적거려서라도 올 수 있는, 그렇게 가깝거든요. 그래서(한숨) 다시 한번 그 거리가 가깝다는 걸 제 눈으로 확인하고 왔죠. 그래서 더 많이 힘들었던 것 같아요. '이렇게 가까운 곳인데 아이들이 못 살았다는 게 그게 말이 안 된다'고 그렇게 생각이 드니까 그게 너무 한탄스럽고…. 또 안 구하고 탈출하지 못하도록 했던, 그 탈출하란 소리 방송 안 했던, 그 연관된 모든 사람들 다 죽이고 싶더라고요, 가서 그냥. 칼 있으면 칼로 찌르고 싶고 막 그래요, 분노가. 그때 그래서 다 힘들었죠. 또 셋이 질질 짜고 막…. 많이 그랬죠.

면담자   아무래도 배 타는 거에 트라우마가 있으시니까, 동거차도는.

수현 엄마   네. 그리고 제가… 음… 수현이가 세계일주하는 게 버킷 리스트에 있어요. 그래서 ○○이가 휴학을 하면서 이제 버킷 리스트에 있으니까 "엄마, 나하고 이렇게 시간 맞는 게 힘들 거다. 해외여행을 같이 둘이 했으면 좋겠다"고 ○○이가 얘기했을 때 그러면 그냥 "가보자" 그래서 갔는데 저희가 바다하고 연관된 걸 아무것도 못 하는 거예요. 그런데 딱 한 곳에 이제, 그거는 수현이가 좋아할 것 같아서 '필립 아일랜드'라는 이렇게 꼬마 리틀 펭귄 보는 곳이 있어요. 근데 저희가, 이렇게 펭귄이 있으니까 바다잖아요. 바다를 배경으로 사진을 못 찍는 거예요, 둘이. 바다도 보는 게 너무 힘든 거예요. 그래서 저희는, 바다가 절경이에요, 그쪽이 섬이니까. 너무 아름다운데, [다른 사람들은] 다 사진 찍고 하는데 저희는 이쪽은 못 보고 펭귄 서식지만 보고 가니까 사람들이 저희 되게 이상한 눈으로 많이 봤었어요. 그래 가지고 그곳도 간 이유가, 바다가 있어서 저희 둘이 힘들 거라고 생각은 했는데, 수현이가 바다 동물을 굉장히 좋아해요. 아쿠아리움 가서 보는 거 너무 좋아하거든요. 그래서 그 거북이 이런 거 너무 좋아해요. 그래서 수현이 중3 때, 중2 때 아쿠아리움 갔었는데 수현이가 너무 좋아했던 기억이, 워낙 동물을 좋아하니까. 그래서 일부러 수현이 좋아하는 곳에 갔는데(한숨) 둘이 바다 때문에 너무 힘들었어요. 저희 딸아이도 똑같고, 저도 똑같고, 네. 그래서 바다는 아직도 좀 보는 거랑 가는 거랑 좀 힘들어요.

12
단원고 교실 존치를 위한 교육청 피케팅

면담자   또 2015년 10월부터는 단원고 교실 존치를 위한 교

수현 엄마 이영옥

육청 피케팅을 시작하셨거든요. 왜 피케팅을 시작하게 되셨는지부터 어머니 참여하셨을 때 경험 말씀 부탁드려요.

수현 엄마   제 생각으로는, 저희 딸아이하고도 얘기했는데, 존재가 사라진다는 거는 누군가의 기억 속에서 사라지는 거라고 생각을 해요. 그래서 우리 수현이도 늘 우리한테 살아 있다고 생각하거든요. 왜냐하면 제 기억 속에 남아 있으니까… 죽었다고 생각하지 않거든요. 그래서 ○○이랑도 늘 그렇게 둘이 얘기를 했었고. 그래서 제가 기억할 수 있는 곳이 존재해야 된다고 생각했어요. 그래야 사람들 마음속에서 지워지지 않고 '이 참사가 늘 기억되고, 다시 또 기억되면서 다시 또 이러한 일이 일어나지 않도록 뭔가 할 거다' 이렇게 생각을 해서 제가 교실은 존치되어야 한다고 생각을 했어요. 그래서 이제 피케팅에 참여를 해서 저희 반 당번일 때에 거의 한두 번? 사정 있을 때 한두 번 빠지고는 한 번도 빠진 적이 제가 없는 것 같아요.

이제 교육청 앞에서 피케팅을 하는데, 거기서 제가 제일 많이 투덜거리고 욕했던 건 뭐냐면, 그 피케팅 앞에 뭐 '교육을 바꾸겠습니다' 뭐 써져 있던 그 현수막. 그걸 보면서 "저런다메, 나쁜 새끼들" 계속 이런 욕을 했어요. "바뀐 거 하나도 없네. 저런 건 왜 갖다 붙여? 찢어버리지" 막 이렇게 계속. 그 욕했던 거랑, 교육청은 사람들이 그렇게 많이 왔다 갔다 하지 않아요. 근데 점심시간이 되면 교육청 직원들이 한꺼번에 확 나오거든요. 그때 그 사람들이 저희 눈을 안 마주쳐요. 이쪽을 쳐다보지 않고 외면하고 지나가요. 그때

'아! 우리가 이렇게 외면하고 싶은 사람들인가 보다' 그렇게 느꼈
죠. 그리고 선생님들도 잘 몰라요. 교육청에 교육받으러 오는 사람
들이 교육 관련된 사람들이 오는데, 제가 첫날인가 둘째 날 교육청
에 갔는데 선생님이 오셨어요. 근데 모르시는 거야, 왜 피케팅을
하고 있는지 모르시더라고요. 그래서 "이러이러해서 이렇게 피케
팅을 하고 있다" 그랬더니 그 선생님이 "몰랐다. 교육 현장에서 [있
어도] 이런 거 진짜 몰랐다"고 하시면서 "죄송하다"고 "내가 학생들
한테도 말하겠다" 이렇게 하면서 가신 선생님이 계셨거든요. 그래
서 그런 일이 있었고.

　　그리고… 교육감은 한 번도 나와본 적이 없어요. 제가 하는 날,
제가 했을 땐 한 번도 나와본 적이 없어요. '고생하신다' 이런 것도
한 번도 없었고. 그리고 겨울철이었거든요. 그때가 날씨가 굉장히
추웠는데 교육청이 이렇게 해서 들어가요, 입구가. 그러면 저희가
이쪽에서 피케팅을 드는데 바람이 이렇게 휘몰아치거든요. 얼마나
추운지 몰라요. 그때 뭐 중무장을 하고 가도 2시간 서 있으면 나중
에 허리가… 엄마들이 다 허리가 안 좋잖아요. 근데 2시간을 꼼짝
안 하고 서 있는 게 너무 힘들었어요. 근데도 제가 참을 수 있었던
거는 '내가 기억 속에 사라지지 않게 이 교실만은 지키겠다' 하는
마음이었는데(한숨), 나중에 막 화가 나더라고요, 없애니까. 나중에
'아, 이거 피케팅했던 거 아무 소용도 없네?' 막 이런 마음이 생기면
서 '그 고생했던 게 아무 소용이 없다'라는 생각 때문에 진짜, 진짜
많이 화가 났어요. 속상하기도 했고. 네.

면담자   그럼 그때도 경빈 어머님하고?

수현 엄마   경빈 엄마, 승묵 엄마.

면담자   보통 그렇게. 삼총사시네요.

수현 엄마   그리고 건우 언니. 5반에 건우 언니 자주 같이 갔었죠. 거의 1, 2년은 셋이 거의. 뭐 광화문도 셋이 가고 저기, 피케팅도 셋이 가고 간담회도 셋이. 진짜 많이 같이 다녔죠, 삼총사라고 할 정도로.

면담자   삼총사시네요.

수현 엄마   네. 그래 가지고, 좀…….

면담자   거기는 시민도 많이 없고 그래서 거기서는 안 좋은 기억이 많이 있었지만, 그래도 조금 좋았던 기억? 그런 경험이 혹시 있으신가요?

수현 엄마   거기에 교육 관련된 사람들이 또 피케팅을 하세요, 저희만 하는 게 아니라. 그 뭐죠? 어린이집 같은 데서 비정규직 노동자들, 이런 분들이 또 투쟁을 하고 있어요, 그 앞에서 피케팅 들면서. 그럼 그분들이 서로 막 자리도 잘 보이게 "이쪽에 오시라"고 서로 하기도 하고, 겹치면. 그리고 "힘내시라"고 서로 응원도 해드리고. 그래서 그분들이 제일 기억에 남아요. 서로, 이제 그분들도 뭔가를 위해서 투쟁하시는 분이고 저희도 뭔가를 위해서 싸우는 사람들이다 보니까 서로 응원해 주고 "힘내시라"고 "날씨 춥죠? 이것도 드시라"고 하고 핫팩도 드리게 되고, 서로. 그거는 되게 좋았던 것 같아요, 그분들. 그래서 이렇게… 같은 아픈 사람들끼리의 마음? 물론 이게 상황은 저희하고 진짜 이거하고는 다를 수 있지만, 또 이분들한테는 이 일이 또 저희만큼 클 수도 있는 일이니까. 그래서 그분들하고 공감할 수 있는 시간이라 좋았고. '아…' 또 한번 생각했죠. '세상에는 싸울 것도 많고 아픈 것도 많구나'. 매번, 어느 현장에나 제가 피케팅 들거나, 국회 앞에서 들거나, 청운동에서 들거나, 청와대 앞에서 들거나 이래도 진짜 아픈 분들이 많더라고요. 네. 그래서 '세상에 진짜 바뀌어야 할 것들이 많구나' 이런 생각을 다시 또 했죠.

면담자   그래도 그렇게 함께 하는 분들이 계시니까….

수현 엄마   네, 네, 네. 진짜 용기가 더 나죠.

13
겨울방학식, 기억과 약속의 길

면담자   2016년으로 그럼. 1월 10일 겨울방학식. '기억과 약속의 길'이라고 했었는데 그때 이야기 좀 해주시겠어요?

수현 엄마   그때는 잘 기억이 안 나요. 제가 갔는데, 겨울방학식은 갔는데.

면담자 명예 3학년 교실에서 이제, 아이들의….

수현 엄마 이제 선생님 역할 하시는 시민분이 계셨고 그리고 일일이 출석 부르고 방학 메시지 전달하고.

면담자 분향소 방문하고.

수현 엄마 근데 가끔 저는, 제가 못됐나 봐요. '아, 이런 것들이 무슨 소용이 있을까' 생각할 때가 되게 많아요. 아이도 없는데, 물론 내 마음속에 살아 있지만 함께 할 수는 없잖아요. 그래서(한숨) '이런 것들이 왜 필요하지? 뭐가 중요하지?' 이런 생각했다가 또, 이것도 하나의 기억할 수 있는 또 다른, 뭔가 또 다른 방법일 수 있어서 제가 참여는 했는데. 늘 무너지고 오죠, 뭐, 아이가 없으니까. '수현이가 이 자리에 앉아 있었으면 얼마나 좋을까' 늘 그런 생각? 그리고 또 그냥 한바탕 울고, 그러고(울음) 오죠.

14
기억식 및 범국민 촛불 문화제

면담자 그럼 이제 4월 16일 참사 2주기, '기억식 및 범국민 촛불 문화제' 아까 말씀드렸지만 대형 탈만 304개, 안산에서 하고. 그랬던 때.

수현 엄마 네. 그 안산에서 했었잖아요.

면담자   네. 하고 이제 도보 나중에 하고. 그때 여러 유명 정치인들도 오고 그랬었죠.

수현 엄마   정치인들도 오고, 제가 갔었는데….

면담자   남경필 도지사도 오고, 특조위원장도 오셨고, 그때.

수현 엄마   네, 네. 그랬던 것 같애요. 제가….

면담자   행사할 때 합창도 하고, 편지도 읽고. 그때.

수현 엄마   근데 저는, 또 그렇게 하면 힘들다고 했잖아요, 막 노래 부르고. 그리고 이제 특조위원장님이야 저희와 늘 함께 하시는 분이었으니까. 그런데 정치인들이 뭐 이런 특별한 행사가 있다고 해서 빼꼼 얼굴 비치고 나가는, 그 항상 하는 요식행위잖아요, 뻔한 그거, 겉치레. 그거 겉치레밖에 안 돼서 뭐. 그거 진심 담고 왔겠어요? 그냥 얼굴 비추고, 그냥 비췄다 소리 듣는 거지. 그리고 와서 막, 그 카메라 플래시 받고 가는 그런 것들 너무 싫어. 그래서 (한숨) 그런 자리 솔직히 안 가고 싶을 때도 있는데, 근데 저희를 위한 자리라고 생각을 해서 가긴 가는데, 그런 것들 너무 힘들어요. 보는 것도 힘들고 막 진짜, 이렇게 막 [정치인들] 오면은 "야, 니네들 왜 왔어? 와서 뭐, 얼굴 비추러 왔니?" 막 이런 말 큰소리로 앞에다 대고 해주고도 싶고 막 이래서. 별로 예…. 그 준비하느라고 고생한 시민분들만 고생하신 거지, 네. 가서 저는… 그분들한테는 늘 고맙고 그렇지만, 아 그런 자리 안 가고 싶어, 솔직히 저는. 저 같은 경우는 그래요. 그런 정치인들 보기도 싫고, 예. 근데 이제 또 갔다 오면… 또 많은 시민분들이 오시잖아요. 그러면 "어떻게 지내시냐?" 뭐, 또 제가 거기에 저로 가는 게 아니라 수현이 엄마로 가는 거라서. 제가 그래서 가지, 그 정치인들 꼴도 뵈기 싫어 가지고 가기는 솔직히 싫어요.

면담자   그날 좀 특별한 어떤 일화나 이런 건 없으셨나요?

수현 엄마   그날, 제가 특별하게 기억나는 거는 없었고. 제가 같이 사는[살던 동생이], 아래층에, 전에 살던 집 아래층에 [살던 동생이] 오랫동안 우리 수현이 커오는 걸 다 봤어요. 그 동생이 거기 많이 참여했거든요. 그래서 그 친구 만나고 거기서, 이제 제가 이사를 갔으니까, 오랜만에 얼굴 봐가지고 반가웠던 거? 그리고 나서는… 별로 그냥, 일상적이었던 것 같아요. 다른 때하고 비슷하게. 그리고 시민분들하고 다 인사했던 거. 맨날 좋았던 건 시민분들 얼굴 보는 게 제일 좋아요. 그게… 그냥 뭐 이렇게 어떤 거를 보러 가는 것보다 그냥 시민분들 만나서 어떻게 지내시는지 묻게도 되고, 또 얼굴 뵈면 한참 만에 뵈니까 반갑고 좋고. '어! 이분 아직도 활동하시네!' 이러면 마음도 제가 훈훈해지고 따뜻해져서 오니까, 그게 제일 좋죠 뭐, 늘.

면담자   말씀하신 동생 분이 수현이 학교 가는 거 맨날 아셨던 분이죠? 1차 때 말씀해 주셨던.

수현 엄마   네, 네. 진짜 좋은 친구죠. 아직도 열심히 활동하고.

진짜 고맙고 예쁜 이웃이에요(웃음).

면담자　　그럼 제적처리 원상복구를 위한 농성은 참여하신지 기억이 잘 안 나시고.

수현 엄마　　저는 안 간 것 같아요.

면담자　　4·16기억교실 기록물 정리도 가지 않으셨고요? 이사 때문에.

수현 엄마　　네, 네, 네. 다 안 갔어요.

면담자　　그쯤에 이사를.

수현 엄마　　그쯤에 되게 바빴어요.

면담자　　2016년 몇 월 달쯤에 이사를?

수현 엄마　　6월 19일인가 갔는데, 제가 짐정리를 하는 데만 거의, 꽤 걸렸죠. 두 달 넘게 걸렸으니까. 저희가 20년 넘게 산 집에서 이사를 갔거든요. 그러니까 짐도 많았고 그 집에서 계속 살아서. 그러니까 애들 낳고. 수현이가 거기서 다 큰 집이에요. 낳고 크고 한 집.

15

간담회 기억

면담자   그럼 여기까지가 이제 구술팀에서 정리했던 내용이
고 이 이외에 간담회 다니셨던 거 여쭤볼게요. 어머니 많이 다니셨
으니까 에피소드도 있으실 테니 말씀 부탁드립니다,

수현 엄마   아! 진짜 많이 다녔죠.

면담자   에피소드도 있으실 수 있고 어떤 좋은 기억도 있으
실 텐데, 그거에 대해서 말씀을 부탁드립니다.

수현 엄마   너무 많아 가지고.

면담자   다 해주셔도 돼요.

수현 엄마   어… 처음엔 제가, 어… 어디서 막 이렇게 얘기하라
고 그러면, 지금도 두서는 없지만, 그래도 막 부끄러워 안 하고 말
을 하는데, 그때는 사람 얼굴 보는 게 너무 힘들었어요. 처음에 가
서, 뭐라 그럴까? '동정팔이'라고나 할까? 제가 너무 슬픈 얘기 하
면 같이 울게 되고 그러잖아요. 그래서 '내가 너무 동정심 유발하는
건 아닐까?' 이런 생각도 들면서 말하는 게 너무 힘들었는데, 나중
에 다니다 보니까 저도 모르게 막 제 안에 있는 걸 토해내더라고
요. 그래 가지고 막… 두서는 없지만 '제가 어떻다'라는 거, 그리고
이제 뭐가 억울한지, 이런 것들은 다 얘기할 수 있게 됐더라고요.
그리고 이제 저 같은 경우에는 대학교 간담회를 굉장히 많이 다녔

어요, 경빈 엄마랑. 그래 가지고 젊은이들한테 얻는 에너지가 되게 많았어요. 그리고 하여튼 이 젊은 사람들은 실천력도 되는 데다가 그리고 뭐라 그럴까, 그러니까 어른들이, 기존에 어른들이 생각하지 못하는 발랄한 생각들도 하면서… 그리고 사고가 유연하잖아요, 아직은. 딱 굳어져 있지 않잖아요, 저희처럼. 그러니까 너무 좋았죠. 진짜 많이 질문도 하고 많이 대답도 하고, 그리고 음… 또 알고 싶은 것도 되게 많아 했어요, 젊은 사람들이라서. 그래서 간담회 하면 보통 2시간 이상 훨씬 [많이] 하고, 원래 그 계획했던 시간보다도 훌쩍 지나기도 하고, 이런 식으로 뭐 많이 하고. 그리고 나서 뭐… 세 명 있는 데도 간담회 가고 다섯 명도 가고 열 명인데도 [가고], 그 소수 분들이 계신 데도 거의 다 다녔던 것 같아요.

근데 그때 제일 좋았던 거는, 제가, 방송에서 저희 얘기를, 잘 이렇게, 사실대로 얘기하지 않고 왜곡돼서 자꾸 보도를 했잖아요. 그래서 [간담회는] 최소한 우리의 이야기를 알릴 수 있는 장이라는 거는 마련이 돼 있었잖아요, 장이. 그래서 간담회가 되게 중요하다고 생각을 했었어요. 그래서 가서 이제 사실대로 말할 수 있어서 제일 좋았던 것 같애요. 그냥 있는 그대로, 꾸미지 않고, 이러이러한 일이 있었고, 내가 현장에서 봤던 거를 그냥 그대로 100퍼센트 사실대로 말할 수 있는 그런 시간이 돼서 제일 좋았고. 그리고 뭐… 진짜 별별 분들 다 계세요. 인형을 직접 만들어서 저한테 주신 분도 계시고, "수현이한테 갖다[줘] 달라" 하시면서 주신 분도 계시고. 그리고 대부분은, 이분들은 다 관심이 있어서 오신 분들이거든요.

그래서 그… 도봉, 노원. 도봉은 저희 4반하고 결연 맺으신 시민분들 계시거든요. 그러면 그분들은 저희 밥 못 먹고 다닌다고 직접, 당신들이 이제 하나씩 맡아가지고 음식해서 가지고 이제, 4반 초대해 주세요, 간담회. 그러면 이제 같은 반에 차웅이네도 가고 형준이 부모님도 가시고 뭐 이렇게 해서 같이 이제 많은 부모님들 가서 간담회 하고 식사도 같이 하고. 좀 이렇게… 뭔가 다른 간담회보다는 이렇게 마음 편하게, 그분 가족같이 이렇게 말할 수 있는 그런 간담회도 가고.

그리고 뭐, 전국적으로 안 간 데는 없는데, 너무 많이 가가지고. 지금 딱히 '기억에 남는다'라고 하면은… 제가 그, 거기가 기억이 나요. 그 대안학교. 담양에 있는, 담양에 있는 대안학교였는데, 지금 제가 학교명을 기억을…. 간디학교였나? 간디 아니었던 것 같은데, 담양에 있는 거였는데. 간디학교는 아니었던 것 같아요. 근데 그 학생들이 방학이었어요. 근데 안 나가고 이제 저희가 '온다' 그래 가지고 이제 간담회를 하는데, 제가…… 아이들하고 간담회 하면서… 그 얘기 하면 서로 공감되는 부분이 있으면 서로 울게도 되고 하는데 '엄마'라고 [하면서] 간담회 끝나고 아이들이 [저를] 다 안아줬어요. 근데 정말 제 자식 안는 것같이 그렇게, 여태까지 시민분들[과] 다니면서 많은 사람들하고 같이 이제 포옹도 나누고 했는데, 정말 저희 아이들 또래잖아요. 그러니까 (한숨) 그 아이들 보면서 수현이 생각도 정말 많이 났고, 또 그렇게 안아주니까 우리 수현이가 안아주는 것 같아서 너무 좋았고. 그래서 그때 간담회가 제일 그나마 [기억에 남아요]. 너무 많은 곳들 다녀서 그렇긴 한데, 제일 그래도 기억에 남는 것 같아요, 그 대안학교에 갔을 때. 그리고 그 아이들. 그 반짝이는, 반짝반짝거리는 그 눈을 보면서 제가 희망을 봤다고 할까요? 아! 진짜 내가 너무 힘들고 절망적인데 그래도 희망이 존재한다는 거는 그 젊은, 젊은 아이들 그 눈을 보면 막 희망이 보여서 제가 너무 좋아요. 젊은 사람들 보고 오면 '그래도 아직 희망이 있구나' 그 생각이 들어서.

면담자   간담회 진행하실 때 특별하게 기억에 남았던 질문? 이런 것이 혹시 있으셨나요.

수현 엄마   너무 많이 받아요. 뭐, 수현이하고 있었던 일, 뭐 이렇게 물어보고도 하고, 뭐 특별법이 어떻게 됐느니, 뭐 배·보상에 대해 물어보시는 분도 있고, 직접적으로. 그때 막 왜곡돼서 많이 방송에서 나가서. 그런 경우도 많이 물어보고, 뭐 생계는 어떻게 유지하느냐부터 시작해서 대부분은 이제 참사 관련해서 물어보는데.

그때, 이제 그때, 음… 수현이하고 있었던 일을 물어봤을 거예요, 학생이. 제게 이제 뭐 "못 해준 거에 대해서 아쉬운 게 있었나?" 뭐 이런, 수현이 관련해서 물어봤었는데. 제가 이제… 저희는 [아이들] 태어나면서부터 제가 아이들 떡을 직접 집에서 만들어가지고, 제가 천주교 성당 다녔던 사람임에도 불구하고, 부모[의 마음이죠. 건강하기를 바라는 마음에서, 종교를 떠나서 삼신할머니한테 미역국이랑 떡 해서 꼭 머리맡에 놓고 '저희 아이들 건강하게 자라게 해주세요' 이렇게 매년 빌었어요, 새벽에 만들어서. 그러면 이제 그걸 아빠보고 다 먹고 가라고, 남편보고. 그리고 이제 그날은, 제가 [원래] 아침을 늦게 먹는데, 아이들하고 같이 먹으려고 노력해서 같이 먹고 하는데.

제가 수현이, 그러니까 2014년도 1월 17일이 수현이 생일인데 제가 수업이 많았어요, 그때. 그때 한참 이제 제가 수업이 진짜 많아 가지고 바쁠 때였는데, 수현이가 "엄마, 나 생일 선물만 사주시고 떡은 안 해주셔도 돼, 엄마 바쁜데 안 해줘도 된다"고 그래서 "근데 수현아, [그럼 떡 안 하는 게] 처음인데 그 떡 엄마가 안 해줘도 돼? 그 떡 되게 좋아하잖아" 이러니까 "어! 엄마 내가 좋아하긴 하는데, 엄마 바쁘시니까 그냥 생일 선물만 사주세요" 그러고서 제가 그걸 못 해준 거예요. 마지막이자 처음으로 안 했던 생일 떡이에요. 그래 가지고 그게 너무 마음에 걸리는 거예요. 아이를, 수현이가 그 떡을 제가 해놓으면 방을 왔다 갔다 하면서 들락날락[거리면서] 그걸 먹거든요, 하루 종일, "맛있다"고 하면서. 그래서 그걸 못 해준 게 가장 마음이 아쉽고 마음에 남는다고 했는데, 아이들이 이제 많이 울었죠, 그 얘기 하면서. 그래서 그때 아이들하고 같이 많이 울었던 그 기억이 많이 나네요.

제가 그래서 ○○이를 떡을 안 해줬어요. "우리 집에 이제 그 떡은 없어". 제가 늦게까지 ○○이 해줬었는데. 근데 올 생일에 ○○이가 얘기하더라고요, 〈비공개〉 "엄마, 나 진짜 미안한데, 나 진짜 미안한데. 엄마, 엄마가 해준 떡이 먹고 싶은데 한 번만 해주면 안 돼?"냐고(눈물을 닦으며) 근데 제가 못 해준단 소릴 못 하겠는 거예요. 그래 가지고 새벽에 일어나서 그 떡을 하는데 너무 힘든 거예요. 수현이 생각이 되게 많이 나고, 수현이는 못 해줬으니까. 그래 가지고 해줬는데 ○○이가 너무 맛있게 먹어가지고(한숨) 진짜 미안한데. 네. 제가 힘들게 해줬죠. 그리고 수현이 생일도 그래서 요번에, 수현이 생일도 제가 해줬어요. 생일 날 상 차려주면서 떡도 같이.

16
안산 대시민 선전전

면담자   그러면 매주 금요일 날 '안산 대시민 선전전' 이때 이제 안산 시민분들의 마음도 챙겨야 된다고 생각하셔서 이제 선부동, 중앙동….

수현 엄마   네. 진짜 오래했죠.

면담자   그때 어떤 기억들, 상황, 말씀 부탁드릴게요.

수현 엄마   (한숨) 저는 막 추웠던 것만 많이 생각나요. 내가 추위를 너무 많이 타니까(한숨). 여름[에는] 더운 거는 참겠는데 겨울에 너무 추워요. 막 껴입고 가도 너무 추워 가지고 추워서 고생했던 거랑. 제가 선부동에서 했었는데 거기는 진짜 학생들이 많아요.

이렇게 대부분 거의 다 가방에 리본 달고 다니고, 선생님도 있었고. 그리고 이제 젊은 사람 많다 보니까 정말 많이, 서명을 진짜 많이 받았죠, 거기서. 그리고 이제 팔찌하고 리본 나눔도 정말 많이 하고. 이제 했는데 음… 거기도 뭐라고 하시는 분이 있어요.

제일 고마웠던 거는, 그 상가가 밀집되어 있는 곳인데 그 저희가 앞에 섰던 핸드폰 가게, 그 아저씨. 저희 이제 막 피켓 들고 있으면 커피도 드시라고 타다 주시고. 굉장히 시끄럽잖아요. 앞에다 매대 놓고 서명받고 하려면 자기네 영업에 방해될 수도 있는데 계속 그거 다 양해해 주시고, 그다음에 그 옆에 노점상 하시는 분들 다 너무 고맙고, 이해해 주셔가지고 별 부딪치는 거 없이 잘했거든요. 그래서 나중에 저희 애 아빠랑 셋이 다 가서 거기서 핸드폰 바꿀 때 거기 가서 바꿨고. 또 저기… 영석 엄마는 되게 잘 챙겨요. 그 노점 하시는 분들 다 가서 뭐 사드리고, 저희가 간식 거기 [노점상] 가서 먹고 이렇게. 또 그런 식으로, 저희가 고마움 표현할 길이 없어서 그렇게 해드리고. 근데 너무 잘 이해해 주셔 가지고. 그것도 긴 시간 동안 했는데 잘 마무리했는데, 긴 시간 동안.

거기서도 몇 번 싸울 뻔했죠. 어떤 사람은 막 던지고 가는 사람도 있어요. "이거 뭐예요?" 이렇게 했다가, 팔찌 나눠주는 것 같으니까 자기도 갖고 싶잖아요. 그럼 가져갔다가 "아, 이거 또야?" 그러고 이렇게 딱 던지고 가는 사람도 있고 막, 되게 많았어요. 그리고 저희가 이제 그… 특별법이 어떻게 되는지 이런 것들을 참고자료 만들어서 이렇게, 그거를 뭐라고 하지? 배포하는 그런 그 참고

자료? 그런 것들을 이렇게 보시다가 다 버리고 가면 저희가 또 막 다 주워요. 쓰레기통에 버리고 가시는 분들 있으면 다 주워서 다시 놓고, 그런 경우도 있고. 그리고 이제 막 애기들…. 애기들 자전거 같은 데 [리본] 달아주면 다 달고 가요. 그런 건 너무 기분 좋고. 뭔가 이렇게 제 편인 것 같은 거 있잖아요. 그래서 이렇게 리본 달고 학생들 가면 '우리 편이 저렇게 많아' 그 확인하는, 확인하는 시간이 되니까. 그런 거는 좀 [좋은데] 근데 또 힘들게 하시는 분들 있으면 거기서 또 상처받고 와서 끙끙 앓는 날도 있고 막… 아 많았죠, 끙끙 앓은 날도 진짜 많아요. 그 이상한 소리 듣고 온 날은 제가 '저렇게 말하는 사람 한두 번도 아닌데!' 이랬는데 몸이 막 아파요. 여기가 막 쑤시고 아파서 끙끙 앓고 그러면 ○○이가 "엄마 나가지 마", "엄마는 자기 몸도 안 되면서 체력도 안 되면서 왜 그렇게 맨날 나가냐"고 "좀 쉬고 그러라" "나가지 말라"고 ○○이가 막 말린 적도 있어요, 제가 나갔다 오면 아프니까. 그런 적도 많고 그랬죠. 그래도 하여튼 끝날 때까지 무사히 마쳐서 다행이죠.

면담자　　　그때도 삼총사 어머님들이랑 같이 하셨나요?

수현 엄마　　　승묵 엄마랑 거의. 근데 경빈이네는 바빠요, 여기 갔다 저기 갔다. 이제 대협분과장이니까 챙기느라 힘들고, 거의 이제 승묵 엄마랑 저랑 4반에서 차웅이네랑, 그다음에 이제 범수 아버님 가끔 나오시고, 그다음에 그 주위에 사시는 분들 몇 분 또 나오시고, 이렇게 해서. 근데 이제 순영 언니 가끔 나오시고. 근데 거의 승묵 엄마, 저 계속 했죠. 그리고 범수 아버님. 차웅이네는 거의, 끝날 때까지 거의 같이 했고, 이제 다른 분들도 시간 되시면 또 와요. 뭐 승묵이 아버님묵 가끔 오시고 이렇게. 시간 되시는 분들 가끔 오시고, 예.

17
재판, 청문회 참관

면담자   그러면 이제 광주법원이나 이런 재판 과정 참가하셨던 기억에 대해 말씀 부탁드려요.

수현 엄마   아(한숨), 제가 무슨 말인지 몰라요, 어려워 가지고.

면담자   그냥 그때의 분위기, 분노, 어머니가 겪으셨던 일을.

수현 엄마   뭐 소리 지르고 난리 나죠. 이상하게 얘기하면. 거기 뭐, 솔직히 거기 진짜로 책임지고 벌받아야 할 사람들은 없었어요. 대부분 선원들하고. 물론 이제 그 선장은 뭐, 벌 많이 받아야죠. 진짜 책임져야 될 사람이 배 버리고 도망간 거니까. 근데 뭐 거기에 해경이 있길 해요? 해경 그 123정장 하나 있었고 나머지는 다 뭐 선원들이었고. 근데 어… [거기] 있으면은 뭐가 붕 떠 있는 것 같아요. 어려운 말이니까 잘 못 알아듣고, 근데 제가 있어야 될 것 같긴 하고, 어떻게 재판하는지. 그렇다고 뭐 그 사람들이 제대로 재판하겠어요? 그냥 저희는 참관만 하는 거긴 한데. 어… 뭐 억울한 거 많았죠.

　이렇게 들으면서 '저거 아닌 것 같은데, 왜 저렇게 하지?' 하는 것들도 있었고. 너무 어려워서 이해 못 하는 것도 많았고, 법률 용어. 진짜 그때 느낀 게 '지네 많이 배웠다고 이렇게 어렵게 말하는 거야? 왜, 그냥 알아듣기 쉽게 쉬운 말 쓰지, 왜 저렇게 어려운 말 쓰지?' 저는 그 생각도 했어요. '바뀌어야 돼. 이게 뭐야? 이렇게 쉬운 말로 바뀌어야지. 어? 억울한 사람들 와가지고 말귀 못 알아들으라고 하는 소리야?' 그런 생각도 들었어요, 저는.

　근데 이제 제일 힘들고 슬펐던 거는, 제가 광주법원에 재판 참관하러 간 날 수현이 유류품 나왔다고, 제가 연락을 받아서. 어… 그때 재판 중인데 진짜 많이 울었어요. 어, [연락]받고, 이제 연락만 왔는데 제가 실제적으로 [유류품을] 받지는 못했는데, 이제 버스에서 내려서 재판, 이제 광주 가는데 그때 저하고, 남편은 [광주에] 못 갔었거든요. 제가 [버스에서] 내리는데 애 아빠한테 연락이 와서 막 울면서 내리는… 내렸죠. 그러고 나서 이제 화장실 갈 때 울고, 재판 들으면서 울고 이러니까 이제 같은 반 어머니들이 "그래도 나왔으니까, 수현이 물건 나왔으니까 슬퍼도 좋은 거니까. 지금 많이 울고 너무 힘들어하지 마" 이렇게 위로해 주서 가지고 그때 정말 많이(울음) 울었던 것 같애요. (흐느끼며) 그래서 재판하는 게 귀에 안 들렸어요. 그게 재판 가서 제일 힘든 일이었죠. 수현이가 이렇게 나왔다고 연락받았을 때가. 제일 힘들었던 것 같애요(울음).

면담자　　　　　진짜로 소식받은 이후로는 귀에 들어오는 게 없으셨

수현 엄마 이영옥

을 것 같아요.

수현 엄마   없었어요. 귀에 안 들어오더라고요.

면담자   이제 15년에서 16년 이제 특조위 청문회 참관하셨던 그 기억 좀 말씀해 주세요.

수현 엄마   아, 그때는 막 진짜 뭐 있으면은, 막 제가… 총 쏠 줄 알면 '몰래 밀반입해서라도 다 쏴 죽이고 싶다'는 생각 많이 했었죠. 그… 그 김수현[김문홍]? 그 해경, 목포 서장. 목포 서장 이름이 제가 지금 생각이 안 나는데, 막 그 사람이 와서 막 호통을 쳤어요, 저희한테 막, 청문회 하면서. 그리고 그 전 해양수산부 장관도 그러고. 자기네[가] 진짜 빠져나갈 [수 있는] 그러한 얘기만 하잖아요, 빠져나가게 의례[적인] 소리. 정말 총 있으면 쐈어요, 칼 있으면 찔렀고. 그때 막, 그 느꼈던, 뭐 제가 늘 분노가 없을 순 없지만 그때 느꼈던 분노는… 바로 앞에 있잖아요. 그니까 진짜 튀어 나가서 이렇게 칼 있으면 찌르고 싶더라고요. 그래서 막 검사했어요, 저희 들어갈 때. 소지품에 뭐 이렇게 무거운 거나 뭐 이런 위험한 거 있으면 다 검사하더라고요. 근데 정말 검사 안 하고 몰래 갖고 들어가서 진짜 찌르고 싶은 생각도 있었어요. 예. 거의 뭐, 다 그 생각이었죠. '저 새끼들 입만 열면 거짓말이야' 계속 욕했어요. '나쁜 새끼들, 죽일 새끼들, 가다가 벼락 맞아라' 뭐 이런 생각, 맨날. 그 청문회 보는 내내 그렇게. 그래 갖고 두통제를 달고 살았어요. 저만 아니라 두통제 찾는 부모님이 너무 많은 거예요. 제가 늘 두통제를 가방에다 갖고 다녔는데, 그때는 제가 없더라고요, 가방에. 그래 가지고 제가 "아, 누구 두통제 있으면 두통제 좀 달라"고 "머리가 너무 아프다"고 그랬더니 "아, 부모님들이 두통제 너무 많이 찾으신다"고 그러시더라고요. 그래서 누가 이렇게 갖다주서 가지고 먹고 그랬어요. 머리가, 청문회 내내 머리가 아팠어요.

그 듣는 동안에 막 이, 이 심정을 어떻게 표현할지 몰라가지고 막 다 울고 욕이죠, 뭐. 제 생전, 저는 욕 잘 안 했는데 지금은 욕 잘 해요, 되게. 바뀌었어요. 그리고 박근혜 나오면 세 식구가 동시에 "미친년" 이렇게 [말하게] 되고 "죽일 년" 이렇게 [말하게] 되고, 막 악담을 하게 되고 그러더라고요. 너무 험악한 일을 당하다 보니까 그렇게 바뀐 것 같아요. 그래 가지고 엊그제도 ○○이한테 지적받았어요. "엄마, 엄마 좀… 말이 점점 험해지는 것 같애" 그래 가지고 "아 그래? 엄마 바꾸려 했는데 잘 안 돼" 그래 갖고 딸한테 지적받았어요. 그리고 또 그러면, 딸이 또 그러면 "너 애가 말 너무 험하게 해" 이렇게 서로 지적하고 있어요. 저희 딸도 학교 다닐 동안은 [저희 딸은] 욕을 한 번도 해본 적이 없는데 그렇게 바뀌더라고요.

면담자   너무 힘든 일을….

수현 엄마   응, 응. 그리고 욕을 안 하면 이렇게 그 안에 풀리지가 않아, 분노가. 네. 그니까 저도 모르게 막 "벼락 맞아, 엑스" 뭐, "똥에 튀겨서 죽일" 이런 말도 막 나오고. "돌팔매로, 다 지나가는 사람마다 돌 던져야 된다"부터 시작해 가지고 막 별 얘기 다 나와

요. 그리고 얘기해 놓고 제가 '어머! 내가 얘기한 거 맞아? 섬짓[섬
뜩]하다. 내가 왜 이렇게 바뀌었지?' 저도 놀랄 때도 있어요. 저는
그런 말 한 번도 해본 적이 없으니까. 응… 그렇게 되더라고요, 응.
근데 그때도 그랬어요. 그런 악다구니를 제가 했죠. "저 새끼들 다
쓸어다가, 다 태워가지고 쓰레기 하치장에 버려야 된다"고 "소각장
에서 태워가지고" 뭐 이런 얘기부터 시작해서 안 해본 말이 없는
것 같아요.

면담자　　　특조위 청문회 참관하실 때, 거의 모든 게 어이없으
셨겠지만 특별히 기억에 남을 정도의 일이 있으셨나요?

수현 엄마　　　그 사람이요. 그 목포 서장 했던 사람. 막 저희한테
호통 쳤어요. "어! 내가 뭐 그래서 뭘 잘못했는데!" 막 이런 식으로
자기가 잘못했는데, 자기는 죄인 아니라고 더 호통을 치던데요? 근
데 그 사람 책임이 있거든요. 목포 서장이잖아요, 어떻게 책임이
없겠어요. 근데 그 사람이 두 달 치 감봉인가 그러고서 다시… 저
기예요. 네. 별로 타격 안 받았어요. 다 그래요, 공무원들 다 그렇
게 됐죠. 제대로 처벌받은 사람은 123정장밖에 없으니까. 그래서
하여튼, 그 사람이 유독. 예. 막 호통을 치니까, 지가 죄인인데 와
서 호통을 치니까 너무 밉더라고요. 응. 그래서 그 사람이 제일 기
억에 남는 것 같아요. 예. '뭐 저런 인간이 있나' 이렇게 생각이 들
면서.

면담자　　　어머니 이제 공동체 활동하신 것에 대해 여쭤보기

전에, 2016년 8월까지 활동에 대해 여쭤봤는데 그 이후로도 벌써 2년이나 지났잖아요. 그래서 제가 좀 찾아봤는데, 2016년 8월 20일에 단원고 기억교실 이전 행렬, 가족분들이 유품 들고 도보하셨었는데.

수현 엄마　　　전 안 했어요. 네, 네, 네. 안 왔어요, 일부러.

18
박근혜 탄핵 시위 참여, 세월호 참사 천일 추모, 탄핵 가결 선고

면담자　　　네. 그러면 혹시, 박근혜 탄핵, 박근혜 퇴진 범국민 행동이 뭐 10차 이상 오래 있었는데 거기는 가셨었나요?

수현 엄마　　　예, 예. 그거는 계속 갔죠.

면담자　　　그 기억을 좀 말씀해 주시면.

수현 엄마　　　아(한숨), 그때도 추운 거 생각하면. 이렇게 제가… 그때가 제일 많이 운 날이었는데, 몇 차인지는 기억을 못 해요. 정말 발 디딜 틈이 없이, 디딜 틈이 없어요. 그래 가지고 저희… 그 화면도 못 보고, 사람이 너무 많아서 화면도 못 보는 곳에 유가족들이 있었어요. 그리고 그날 저희… 딸아이랑 조카랑 이렇게 나중에 저 있는 데로 합류를 했는데, 아이들을 저기 못 만나고 이렇게… 헤어질까 봐 얼마나 신경을 썼는지, 막… 지나가면 정말 어떻게 제가 이렇게 길을 뚫고 지나갔는지 모를 정도로 그렇게 인파가 많아 가지고, 그렇게 했는데. 계속 추운 날이 계속 이어졌잖아요, 계속. 탄핵될 때가 봄이었고. 계속 추워 가지고. 아(한숨), 그 추운 기억. 그리고 저희가 음… 아이들, 아이들 사진으로 해서 이렇게 현수막처럼 만들어서 저희가 이렇게 여기 어깨에다 두르고 다녔었는데, 그거 볼 때마다 이게, 여기 와닿는 그 아픔, 볼 때마다 '내가 왜 이거를, 부모님들이 왜 이거를 여기다가 두르고 다녀야 되는지' 막 그 억울함, 그거랑. 그리고 그… 이게 어쨌든 무폭력이었잖아요. 저희가 '폭력적인 방법이 아닌 평화적인 방법으로 했다'라는 그 자부심? 그런 것도 생겼고.

그리고 이제 그… 저는 처음에는 이 집회 끝나고 막 아이들이, 젊은 분들이 막 쓰레기 치우고 하셨잖아요. 그래 가지고 '어, 바쁜데 저 쓰레기 치우는 거 굉장히 번거로울 텐데, 참 애쓴다' 이런 생각 했었거든요. 근데 이제 그… 제가… 음 어디든지, 사람이 많이 모이는 곳, 뭐 그 공연장이나 아니면 이런 집회, 그런 촛불집회 말고 집회 현장이나 갔을 때 그 끝나고 나서 뒷모습이 정말 아름답지 않잖아요. 근데 그분들이 그 쓰레기 치우면서 그 우리가 끝난 그 뒷모습을 아름답게 한다는 게, '어! 진짜 너무 달라졌다. 우리나라 국민 수준이 굉장히 높아졌다' 그런 거 많이 느꼈어요. 정말 깨끗하게 치워놓고 가시잖아요. 그래서 저도 모르게 막 주위 거 주워서 같이 넣게 되고 이렇게 되니까, 어 그런 모습, 많이 자부심을 느꼈죠. 근데 그게 누가 시켜서가 아니라 그냥 솔선수범해서 하는 일들이었잖아요. 그래서 '어! 진짜 많이 바뀌었구나' 그런 거 많이 느꼈죠.

면담자　　누가 먼저 그런 걸 하면 같이 하게 되는데….

수현 엄마　　예, 하게 돼요.

면담자　　근데 우리나라는 좀 그런 게 약했던 게 있었죠.

수현 엄마　　예, 예, 약했던 것 같아요. 저 수현이랑 공연 같은 거 보면 정말 엉망이었거든요. 우비였나? 여기 다 나눠줬는데, 온 운동장에 다 우비로 둘러싸져 있는 거를 제가 봤거든요. 그러면서 제가 "아니, 너무 사람들 이상하다"고 "왜 그거 제자리에 안 버리고". 저는 또 그걸 둘둘 말아서 가지고 오는 편이거든요. 그래서 그 이해 못 한다고 막 저희들끼리 얘기하면서 온 적도 있고 그랬었는데 '진짜 많이 바뀌었다' 그 생각 했었어요.

면담자　　그러면 또, 2017년 1월 7일. 세월호 참사 1000일 추모. 그래서 이제 광화문 광장에서, 그때는….

수현 엄마　　1000일 추모에 뭐가 있었죠?

면담자　　이때부터는 약간 좀, 탄핵 위주로 흘러가고는 있어서.

수현 엄마　　제가 그때쯤에는 거의 안 빠지고 갔는데 기억나는 게 없네요, 맨날 늘 일반적인 거라서. 그리고 제가 좀 죄송했던 거는, 유가족이 늘 그러한 촛불 문화제나 늘 집회 때 유가족 자리가 남겨져 있잖아요. 어떻게 보면 그게… 그걸 뭐라 그럴까. 제가 지금 그 국회 앞에 서열화된 자리가 있다고 그러면서 이렇게 딱 정해진 지정석이 있다고 했잖아요. 그걸 또 [우리가]··· [그래서] 죄송했어요. 저희가 이렇게, 굳이 그렇게까지 안 해도 되는데 저희 맨 앞에 그렇게 음··· 유가족 자리가 늘 있어서 유가족은 늘 거기 가서 앉게끔 그렇게 되는 거에 대한 문화? 그거에 대한 미안함이 있었어요. 그냥 뭐 섞여 앉아도, 시민들하고 섞여 앉아도 되고 하는데 굳이 이렇게 그 유가족이 따로 그렇게 지정되어 있는 지정석에 앉는 그런 거에 대한 죄송함? 부끄러움? 뭐 하여튼 그런 것들이 생기더라고요. 그래서 그때도 '아, 굳이 이렇게 앞에 안 앉아도 되고··· 그냥 뒤에 앉아도 되고 중간에 앉아도 되고 그냥 섞어서 앉아도 되는데, 너무 이거 시민분들한테 죄송하다' 그 생각 했었어요. 그때도 제가 그 생각 했었던 것 같애요. 매번 갈 때마다 제가 느꼈던 거기 때문에··· 네.

면담자   그렇게 생각하실 수도 있는데, 여러 가지 의미로 해석될 수 있을 것 같아요, 사실 그건.

수현 엄마   네, 네. 되게 죄송했어요, 뒤에 시민분들한테. 그분들은 몇 시간 전부터 또 와가지고 자리 맡아놓으시고 하신 분들인데 저희는 버스 타고 와가지고 뭐 잠깐 전에 들어가서 쭉 앉고. 그것도 어떻게 보면 갑질이잖아요. 그래서 좀 죄송, 많이 죄송했어요.

면담자   근데 또 집회 주관하는 쪽에서 보기엔 상징성?

수현 엄마   네, 상징성 때문에 그렇게 하긴 했는데, 좀 시민분들한테 죄송·······.

면담자   어머니 이제, 3월 10일 날, 헌재에서 탄핵 가결 선고 있었거든요. 이때 혹시 가서 보셨나요?

수현 엄마   아, 봤는데요. 너무 그 가슴이 터져 나올 것 같았어요. '안 되면 어떡하지? 여태까지 우리[가] 이렇게 힘들게 싸웠는데 이게 안 되면 어떡하지?' 해가지고 막, 제가 운전면허 딴 이후로 제일 많이 떨렸던 것 같아요. 제가 인생에서 제일 많이 떨었던 게 운전면허 딸 때였거든요. 근데 그때보다 더 가슴이 벌렁거렸던 것 같애요. 그래 가지고 이제 그 큰 화면에서, 이제 저희가 그 상징적이게 청와대 앞에 앉아 있었거든요, 유가족분들하고 시민분들이. 근데 그… 헌법재판이었나요? 그분이, 이정미 판사가 이렇게 발표할 때 "탄핵한다" 이렇게 할 때 막 나중에 난리가 났는데, 박근혜 탄핵 사유 중에서 세월호만 빠진 거예요. 막 화가 나는 거예요. 이 탄핵 됐다는 즐거움이 금방 사라지고. 그래서 제가 막 주위에 "왜 안 된 거야?" 나도 모르게 혼잣말을 막 미친년마냥 했어요. "아니, 왜 우리 세월호만 빠져? 잘못된 거 아냐? 말도 안 돼" 막 이러면서 혼잣말을 막 했어요.

그래서 저희는 완전히 기뻐할 수가 없었어요. 그래 가지고 기자회견할 때 또 엄청 울었어요, 그래 가지고. 그 애은 아빠가 "왜 우리만 아니냐?"고 하시면서 막 우시는데, 다 또 우리 마음이잖아요. 그래서 부모님들 거기서 진짜 또 많이 울었어요. 저도 진짜 많이, 너무 억울해서 울었어요. '왜? 왜 그건 빠졌는지 모르겠다. 정말 우린 언제까지 맨날 이렇게 다 빠져야 되는지' 어딘가에서 다 빠

수현 엄마 이영옥

지잖아요. 뭐 되는 게 없잖아요. 그러니까 그때도(한숨) 너무 억울하고 막 슬프고. 진짜 막 그⋯ 엄청났죠. 분노도 엄청나고, 많이 울었어요. 진짜 부모님들이 억울해서 울었어요, 억울해서. 예, 저도 많이 울었어요, 화가 나가지고. 저도 모르게 막 지나가는 사람인데[한테], 모르는 사람인데[한테] "왜 우리 것만 빠졌어?" 제가 막 그러고 가더라니까요. 그래서 제가 나중에 생각해 보니까 '어머, 나 미쳤나 봐' 이렇게 [생각이] 될 정도로 제가 막 나도 모르게 혼잣말로 막 보는 사람마다 "왜 우리 것만 빠졌어요?" 막 이렇게 하고 다녔어요, 저도 모르게, 너무 화가 나가지고. 예, 부모님들 다 그랬죠. 아 진짜, 아직도 그거는 이해를 못 하겠어요, 왜 우리 것만 빠졌는지.

19
세월호 인양

면담자 그리고 이제 그 이후에 23일 날. 1073일 만에 세월호가 물 위로 올라오게 됐는데. 이때 가셨으면 상황이랑 좀 설명 부탁드릴게요.

수현 엄마 아⋯(한숨) 그냥 들어오는데, 그 너덜너덜해진 배가 꼭 우리 아이들 같아 가지고 너무 슬프더라고요. 응, 다른 거는⋯ 뭐 온갖, 온갖 감정이 다 교차하긴 했는데 제가 제일 많이 느낀 거는 그 배가⋯ 그냥 너덜너덜해진, 꼭 우리 아이들 같아서 너무⋯

그 보는 것도 힘들고. 음… 저는 감정이[을] 주체할 수 없었죠, 예. 그래서 음… 보는 거 많이 힘들더라고요, 그 배 보는 게.

면담자   한 번에 올라오지 않고 뭐 지연되고 그런 게 있었잖아요. 그런 상황을 조금 자세하게 말씀 부탁드릴게요.

수현 엄마   저희, 음… 유가족들끼리 [세월호가] 올라온다고 해서 이제 버스 대절해서 부모님들이 다 같이 오실 수 있는 분들, 이제 밴드에서 취합해서 [버스] 대절해서 올라왔죠. 근데 목포까지 오는 게 멀어요. 다들 지쳐서 이제 뭐 애들, 대부분 애들 얘기하고 오겠지만, 지치기도 하고 이랬는데, 와보니까 아무것도 없어. 허허벌판에 아무것도 없는데 경찰이 그때… 막았나 그랬을걸요? 그때도? 그래 가지고 천막을 쳤어요, 저희가. 천막을 쳤는데 그냥 이렇게 도로에, 허허벌판. 아! [경찰이 막고] 그래 가지고 막 싸웠는데, 그때 그 정의당에 정[윤]소하 의원이 목포시잖아요. 그래서 오서가지고 막 항의했는데, 항의가 별로 안 먹혔어요(웃음). 그래 갖고 예은 아빠가 농담처럼 "아, 의원님 별로 말발이 없는데요" 뭐 이렇게 막 저희들끼리 얘기했는데.

그래서 어떻게 이제 막 시끌시끌, 경찰하고 막 부딪치는 것도 있고 했었는데 이제 다행히 그 천막은 쳤어요, 싸워가지고. 천막을 쳐서 이제 그… 천막을 치고 그날 거기서, 배 들어오는 전날 잤나 봐요. 거기서 잤는데 천막 치고 [바닥에] 이렇게 마루판은 있었는데, 천막을 쳤는데 자고 일어나니까 여기가 축축해요. 물이 다 새가지

수현 엄마 이영욱

고, 이렇게 이슬 내렸다고 하나요? 여기가 다 축축해. 그리고 저는 푹 다 뒤집어쓰고… 그때 침낭을 이렇게 뒤집어쓰고 잤는데 여기가 다 막 축축한 거예요. 그래 가지고 이제 일어나서 아침에 "배 들어온다" 뭐 "미뤄진다" 이런 상황이 있어서 [세월호 들어오는 선착장] 그 안에 들어갈 때도 막 안 좋게 들어갔어요, 막 싸우고. 엄청 싸웠어요, 경찰들하고. 왜 들여보내지 않[냐]느니, 막 저기가 비어 있느니, 막 뛰고…. 그리고 거기서 대치하고[면서] 경찰들하고 싸우고, 침낭 갖다가 거기, 뭐 여기다가 침낭[을] 까느니 마느니, 막 거기 직원들이 막 "안 된다"고, "들어오면 안 된다"고 하고. 그런 대치가 있었고. 그러고 나서, 이제 엄청 싸우고 나서 그때 들어가는 걸 허락했나? 그랬을걸요. 그래 가지고 간신히 들어가서 이제 봤죠…. 그리고, 그러고 나서 그 후로도 또 엄청 싸웠어요.

배타고 가서 그 세월호 들어온 반대쪽을 보는 것도 엄청 싸워서 이제 겨우…. 이제 그 집행부가 그쪽, 해경하고 얘기해 가지고 몇 시간[동안], 이제 그것도 막 싸워서 저기 배 타고 반대쪽으로 가서 배 볼 수 있게 됐죠. 그것도 그냥 얻어진 건 하나도 없었어요, 다 싸웠어요. 그래 가지고 그 [선착장으로 들어가는] 입구가, 뭐 남쪽 입구인가 북쪽 입구, 다 입구가 달랐어요. 그래서 나중에 여기서… 그 입구를 정확히 저희 천막 친 데 말고 북쪽 입구라고 했던 거 같은데, 거기에 누가 왔냐면, 누가 왔었는데(한숨) 기억이…. 국회의원 누가 왔어요. 그래 가지고 막…. 아, 황교안이가 왔었어요. 그래 가지고 그 황교안이 잡는다고 또 부모님들이 다 따라가서 앞에 못

181

2회차

가게 막[고] 하려고 했는데 경찰이 벌써 다 막고. 막 난리도 아니었어요. 황교안이 저희 피해서 가다시[피해]서 몰래 빠져나왔어요, 나중에. 그러니까 '와봤다' 소리는 해야 하니까 오긴 왔었어요, 세월호 들어온다 그래 가지고. 그래서 이제 난리가 났었는데 황교안이는 몰래 빠져나가고, 저희는 앞에서 이제 연좌하다가 몇 시간 있다가 이제 들어오게 해줬나? 그래서 풀려났고.

그래서 시민분들을[이] 보는 거를 [가지고 실랑이를] 했었는데, 안 된다는 거예요, 시민분들은 또. 그래서 그것도 엄청 싸웠어요. "왜 안 돼?" 되느니 마느니 뭐 엄청 경찰하고[도] 싸워가지고 나중에 시민분들도 들어가기로 했는데. 나중에 시민분들이 차 대절해서 오셨는데 신분증을 다 일일이 확인을 하는 거예요. 뭐 거기 들어가서 뭐 할 건데? 그냥 배 보는 거잖아요. 신분증을 일일이 보는데, 시민분들이 너무 많으신데, 그 시간이 너무 오래 걸리잖아요. 그래 가지고 한 스님이 막 또 "뭐 하는 거냐, 이거. 간소화시켜야지" 신분증 있으면 그냥 보고 들여보내[야지], 다 일일이 체크하고 하니까 난리가 나서 나중에는 그냥 들어가는 걸로. 아, 처음부터 그러지, 괜히 막 이렇게 에너지만 소모하게 한 거잖아요. 시민분들 번거롭게 [하고] 계속 시간, 그 귀한 시간 기다리게 하고. 난리도 아니었어요.

근데 그 와중에, 천막 치고 자는 날 밤에, 제가 [이야기가] 두서없이 왔다 갔다 하긴 하는데, 박순자가 온 거예요. 근데 너무 시원했어요, 도언 엄마 때문에. 저는 밖에서 이제, 밤이라서 이렇게 천막 쳐놓고 잘 준비 다 돼 있고, 저희는 이렇게 밖에 몇몇이 나와 있

수현 엄마 이영옥

는 분도 있고 안에 계신 분도 있는데, 안에서 난리가 난 거예요. 〈비공개〉 박순자한테 진짜 막, 막 해댔어요. 박순자가 진짜… 이렇게 나갔어요. 나가면서 완전 겸연쩍은 표정으로, 전 밖에 있었고 박순자[가] 지나가면서 이렇게 시끄러워서 "박순자 왔구만" 제가 그러고 갔는데 진짜 박순자가 밖에[으로] 나오더라고요. 도언 엄마가 진짜 쌍욕을 했어요, 막 속이 다 시원한 거야, 제가 막. 그래 가지고 아, 내가 못 하는데 대신 욕해줘서 너무 고맙더라고요. 그래서 박순자가 쫓겨났죠, 그날 왔다가. 그래서 쫓겨났어요. 그게 되게 인상적이었어요. 도언 엄마가 진짜 쌍욕해 줘 가지고 제가 안에 있는 것도 싹 이렇게 풀릴 정도로. 그날, 그렇게 하고 배 들어오는 거 보고 그러고 제가 올라온 것 같아요. 〈비공개〉 어디 가나 하여튼, 저희는 경찰하고 대치 안 하면 뭐 있는 거나 없는 거[나] 같아요. 하여튼 그날도 그렇게 대치 많이 했어요, 예.

20
3주기 안산 봄길 행진

면담자　　　그럼 17년 4월 16일, 3주기 기억식에 대해서. 3시에 정부합동분향소에서부터 안산 봄길 행진 있었는데.

수현 엄마　　　17년도였어요?

면담자　　　네, 3주기.

수현 엄마   (한숨) 제가… 3주기 때 문재인이 안 온 거죠, 대통령이? 18년도가 저희… 저희 18년… 잠깐만, 17년도가, 제가 갔는데, 안 가진 않[았]을 거고. 문재인이 대통령이 된 거죠?

면담자   대통령 선거가?

수현 엄마   네. 5월에.

면담자   그러면 그 전이죠.

수현 엄마   아, 그 전이면 제가 갔어요.

면담자   그럼 18년도에 안 갔나 보네요, 문재인 대통령이.

수현 엄마   아, 저도 못 갔어요. ○○이하고 애기 아빠만, 남편만 가고 저는 사정이 있어서 못 갔어요. 근데 17년도에는 갔죠. 그때 대통령 후보 나올 사람들이 왔었어요, 안철수 오고 저 유… 이재명, 이재명 말고, 지금, 거기 당 대표 했던 애.

면담자   왜 이렇게 기억이 안 날까요?

수현 엄마   그니까요. 자유한국당에서 나온 사람 있잖아요. 유, 유 씨. 그 딸, 딸(한숨). 유, 유… 유경민?(한숨) 하여튼, 유시민하고 비슷한 그 의원 있잖아요. 옛날에 저기 원내대표 했던.

면담자   유승민.

수현 엄마   네, 네. 그 사람하고 안철수하고, 저기 홍준표는 안 왔어요. 지가 왜 오냐고, 그래서 안 왔어요. 그리고 안철수랑 유승민이랑 문재인 후보랑 이렇게 왔는데 그때 이 사람들이 말하는 게 정말 달랐어요. 안철수가 그때는… 그… 민주당에서 나가서 창당을 했나 뭐 그랬을 거예요. 저기도, [유승민] 그 사람도. 근데 말 하는 게 너무 달라요. 안철수는 자기 할 말, 자기 선거에 필요한 말. 이 유승민은 애도는 표하지만 자기도 뭐 진상 규명하는 데 도움을 주고 이런 말은 안 하고 자기도 선거에 필요한 말. 근데 문재인 후보만 "늘 함께 하고 진상 규명" 뭐 "특별위원회 만들고" 구체적으로 그걸 와서 그날 얘기를 했어요. 그래서 제가 꼭 이렇게 하시고, 이렇게 지나가시면서 유가족들하고 악수를 했는데, 저하고 악수할 때 제가 "꼭 대통령 되시라"고 제가 말씀을 드렸는데(한숨), 잘 모르겠어요. 제가 그때, 그때는 믿음이 있었거든요, 그분에 대한. 물론 만들었죠, 약속한 대로 다 했죠. 약속, 안 한 건 없는 것 같아요. 근데… 음… 방해만 안 할 뿐이지 뭐, 그때나 지금이나 밝혀진 건 하나도 없어요. 그래서 그때 좀… 좀 그랬어요. 그때는 진짜 뭔가 또, 막 이렇게 새롭게, 이렇게 '일이 잘돼가지고 진상 규명되는 게 훨씬 빨라질 거다, 문재인 대통령이 돼서' 이렇게 될 거라고 생각을 했는데, 뭐 지금까지 밝혀진 게 없이 또 지금까지 시간이 왔네요. 하여튼 그때 그래서 제가 기억을 해요, 17년도. 그분들이 왔었거든요.

21

공방 활동, 덧붙일 말, 마무리

면담자   그 이후로도 여러 가지 일이 없었던 건 아닌데, 전보다 집회는 좀 줄어들고….

수현 엄마   네, 집회도 줄고.

면담자   합창단 활동이나 추모제를 위주로 많이 하셨던 것 같아요.

수현 엄마   네, 근데 저는 합창단 활동도 안 했고, 연극 활동도 안 하고, 그다음에 공방 활동도 안 하거든요. 근데 저는 이제 음… 활동하는 게, 뭔가 이렇게 힘을 합해서 나가야 될 일 있으면 제가 일을 하니까 주말에는 꼭 나오려고 노력을 해요. 그래서 이제 그런 거는 해도 이런 공방 활동이나 하나도 안 해가지고, 예.

면담자   그러면 '온마음센터'나 '이웃'에서 했던 프로그램도 한 번도 참여를 안 하셨나요?

수현 엄마   아… '온마음'에서는 압화 한 번 했었어요, 압화를.

면담자   그 기억을 한번 좀 생각나시는 대로 말씀 부탁드릴게요.

수현 엄마   그냥 엄마들끼리, 편하죠 뭐. 이렇게 새로운, 저희가 새로운 관계 맺는 게 되게 힘든데, 그냥 다 편한 엄마들이니까 그냥 편하게 활동했었고. 어 그때, 그때 교실 존치에 대한 다큐 만들었을 때, 그 다큐 감독님이 와서, 오셔가지고 그거 찍으셨었어요. 근데 제가 너무 솜씨가 없어 가지고 그런 거 잘 못하더라고요. 그래 가지고 '이런 거는 저한테 안 맞는 거다' 결론 내고 안 해요. 제가 그런 걸 잘 못하거든요, 그래 가지고. 근데 고 이렇게 활동하는, 활동하면 아무래도 거기에 집중하니까 좀 덜 힘들다고 할까요, 고 시간만은. 응, 덜 힘든 것 같더라고요. 아무래도 이렇게 집중해서 뭔가를 하니까.

면담자   그때 주로 하셨던 그 활동이 어떤?

수현 엄마   압화.

면담자   압화, 그러니까 어떤 식으로?

수현 엄마   뭐, 그.

면담자   아! 압, 화? 꽃? 압, 화? 네(웃음).

수현 엄마   저 뭐 한다고[생각하셨어요].

면담자   "아파"가 뭐 "아파"?

수현 엄마   (웃음) 제가 발음이 안 좋아서 그래요. 압, 화.

면담자   압화, 그래서 꽃 이렇게. 압화 카드 만들고.

수현 엄마   그래서 뭐 이렇게 그 액자도 만들고, 뭐 이런. 초 같은 거에다도 이렇게 압화, 그거 뭐 만들고, 엽서도 만들고, 열쇠고리 같은 것도 만들고 많이 만들었었죠. 근데 제가 그런 거 차분하게 할 스타일이 아니라서 이제 그만하고.

'이웃'은, 어… '이웃'에서는 저희가 '이웃'이 초창기인지 막 '이웃'이 사무실이[도] 안 생기고, 사무실 지금 막 꾸미고 있을 때, 저희는 일찌감치 정혜신 박사님한테 상담을 하고 있었죠. 근데 많이는 못 받았는데, 이제 선생님이 저희 집으로 와주셨어요. 그래서 이제 상담 몇 번 받았고. 그리고… 거기서는 제가 뜨개질을 못해서 뜨개질도 안 했고, 뭐 한 게 없고. 그 수현이 생일? 수현이 생일은 선생님이 해주셨죠, '이웃'에서. 근데 너무 좋았어요. 제가 그 오롯이, 오롯이 그냥 수현이 날이잖아요. 그래서 수현이 얘기만 할 수 있어서, 맘 놓고 하고 싶은 거 다 얘기할 수 있어서 너무 좋았어요. 그래서, 그리고 또 다 모든 분이 수현이를 생각하는 날이었잖아요. 그래서, 음… 많이 울기도 하고 말할 때 힘들기도 했는데, 또 그래서 좋았어요. 수현이 말을 할 수 있어서, 네, 네.

면담자   그죠. 부모님들이 생각보다 그런 말씀을 어디 가서 못 하시지 않아요?

수현 엄마   네, 네. 근데 편하게 우리 수현이 얘기만 할 수 있어서 그건 너무 좋았어요.

면담자   그럼 그 압화 하실 때 뭐, 실력이 없어서 그만두셨다고는 했지만 그때 만들면서 어떤 감정이 드셨는지.

수현 엄마   그냥 다 수현이 생각하면서 만들었어요, 다 그래 가지고. 수현이가 원래 '째보 박수현'이에요, 이렇게 잘 웃어가지고. 그래서 제가 다 작품마다 '째보' 이렇게 써가지고, 그게 좋았어요. 거기에 '수현이 거' 써가지고 제가 다 고 싸인, '째보' 써서 만든다는 게 좋더라고요. 그래서 고거는 되게 좋았어요.

면담자   그러면 그걸 만드신 다음에 가져가신 거예요, 아니면?

수현 엄마   어, 전시… 전시하다가 전시 끝나면 저 다 주서가지고 지금 수현이 그것만 남았어요, 등.

면담자   풍등?

수현 엄마   '이웃' 아니, 저기 그 뭐죠? 조명, 조명 만든 거랑 그 다음에 그 액자, 왜 우리 그 ≪한겨레신문≫에 나왔던 기사에 압화 꾸민 거 있거든요. 그거는 아마 전시를 계속하시나 봐요. 그거는 안 주서가지고 못 가지고 있고 나머지는 이제, 전시 안 간 거는 제가 다 가지고 있고. 근데 저는 두 달인가밖에 안 해가지고 많이 작품이 없어요, 그래 가지고.

면담자   그럼 그 이후에 아무것도 별로 참여 안 하셨다고 말씀하셔서.

수현 엄마   저는 진짜 참여 안 하는 편이라서.

면담자   그럼 압화를 참여하시게 된 어떤 동기는?

수현 엄마   예뻐 가지고요. 막 이렇게 그… 압화하는 건우네가 그 도안[을] 했는데, 여기 목걸이 있어요, 리본 큰 거. 너무 예쁜 거예요. 그래 가지고 '어, 나도 한번 만들어보고 싶다' 그랬는데 압화를 하면 거기서 같이 만든다고 해가지고 제가 들어갔죠. 그래서 그것도 만들었어요, 몇 개.

면담자   그러면 이제 저희 공통 질문 여쭤보는 거는 제가 다 여쭤본 것 같아요, 어머니. 제가 더 여쭤봤어야 하는데 이끌어내지 못한 내용이 혹시나 있으면 말씀 부탁드립니다.

수현 엄마   뭐 저도 막… 생각이 뒤죽박죽이라서 저도 잘 생각 못 해요.

면담자   그래도 뭐 '이 얘기가 왜 안 나왔을까' 싶으신 부분이 있으시거나 아니면 제가 여쭤보지 않은 것 중에 뭐 2018년도나… 어떤 일들이 있으셨으면.

수현 엄마   뭐 중간중간에 촛불, 그러니까 단지 이렇게 그 세월호만 관련돼서 광화문광장에서 작게 작게 촛불 같은 거 했었는데, 많이 부모님들이… 이렇게, 많이 부모님들도 없고 시민분들도 많지 않을 때 '아… 많이 잊혀졌구나…'[라는] 좀 음… '많이 잊혀졌구나' 생각이 들더라고요. '그냥 다 끝난 줄 아는구나' 그래서 저부터도 좀, 이렇게 시간이 지나니까 활동하는 것들이 많이 줄었잖아요? 그래서 이제 음… '내가 더 활동을 해야 되는데' 이런 생각을 했죠, 그거 보면서. 근데 이제 우리가 지금은 막 이렇게 대외적으로 활동하는 것들이 별로 없잖아요. 그래서 지금은, 이제 특조위 하는 거 만약에 혹시라도 활동할 거 있으면, 제가 일을 하니까 주말에는 꼭 참여하려고 노력할려고, 더 또 마음을 다잡고 있죠.

면담자   제가 솜씨가 부족해서 다 제대로 여쭤본 건지, 저도
지금…(웃음).

수현 엄마   어… 다 거의 많이 물어보신 거 같은데.

면담자   그럼, 2차 구술은 이것으로 마치고 3차 구술 설명만
좀 드릴게요. 말씀드린 것처럼, 오늘 2차까지가 참사 후 투쟁 기록
은 마무리예요. 3차 때는 아무래도 4·16 이전과 이후가 삶이 너무
달라지셨잖아요.

수현 엄마   네, 많이 달라졌죠.

면담자   이제 어머님과 가족들의 삶이 변화된 것. 그리고 지
금 4년 10개월의 세월이 흐르면서, 아무래도, 뭐 말씀 많이 해주셨
지만 새롭게 깨닫게 되신 변화들이라든가, 또 수현이가 어머니한
테 어떤 의미로 자리 잡고 있는지 이런 것들을 좀 질문을 드릴 거
예요. 그러니까 그때도 말씀드렸지만, 이게 어떻게 보면 제일 또,
뭐 질문은 쉽지만, 제가 여쭤보기는 쉽지만 어머니가 말씀해 주시
기는 되게 슬프고 어렵고 그런 일이 될 수 있을 것 같아요. 3차 때
는 그런 질문을 드리게 될 것 같습니다. 어머니 오늘 장시간 너무
고생 많으셨습니다.

3회차

2019년 2월 20일

1
시작 인사말

면담자 　　　본 구술증언은 4·16 사건에 대한 참여자들의 경험과 기억을 기록으로 남김으로써 이후 진상 규명 및 역사 기술에 기여하고자 합니다. 지금부터 이영옥 씨의 증언을 시작하겠습니다. 오늘은 2019년 2월 20일이며, 장소는 안산시 단원구 4·16기억교실 교육장입니다. 면담자는 정수아이며, 촬영자는 강재성입니다.

2
근황과 오늘 면담의 주제 소개

면담자 　　　어머님, 저희가 2차 구술 한 이후에… 지금 한 일주일? 일주일 만에 뵙는데, 그동안 어떻게 지내셨나요?

수현 엄마 　　　바쁘게?(웃음)

면담자 　　　여러 가지 뭐….

수현 엄마 　　　네. 뭐… 저 일하느냐도[일하느라고도] 바빴고. 특별하게 뭐, 특별한 일은 없었고 늘 하던 대로, 하던 대로 바빴던 것 같아요.

면담자 　　　그때 저랑 죽 먹고 가시느라 쪼끔 늦으셨던…….

수현 엄마   그날 안 늦었어요.

면담자   안 늦으셨어요?

수현 엄마   네. 왜냐하면 어, 킬로미터 수로 따지면 여기서 한 10킬로미터가 안 돼요. 한 9킬로미터? 그래서 시간 알맞게 적당히 들어갔어요. 그래 갖고 안 늦었어요. 하나도 안 늦었어요. 네. 다행히 제시간에 갔어요.

면담자   [과외하시는] 그 아이가 중학생?

수현 엄마   중학생. 네, 이제 중2 되는 거예요.

면담자   남자아이?

수현 엄마   남자아이, 네.

면담자   그러면은 그거 일하시느라 바쁘게 지내시고.

수현 엄마   네. 그리고 이제… 저는 특별하게 공방이나 이런 활동 안 하고 저 수업 준비하는 스터디를, 이제 저하고 같은 선생님들하고 늘 일주일에 두 번 정도는 하거든요. 그래서 그 스터디하고. 그리고… 그랬던 거 같아요. 스터디하고 그 일하고. 음… 그래서 바빴던 거 같아요.

면담자   지난 2차 구술 마지막에 설명 드렸었는데, 오늘 3차 구술에서는 이제 이 4·16 이후, 어머니의 삶과 가족의 삶이 어떻게 변화했고, 또 여러 활동하시면서 투쟁 활동과 그런 과정에서, 많이

수현 엄마 이영옥

말씀해 주셨지만 어떤 깨달음이 있으셨잖아요. 그게 무엇이고, 또 지금 4년 10개월 정도 지났는데 지금은 수현이가 어머니한테 어떤 의미로 자리 잡고 있는지 좀 질문을 드릴 거예요. 그래서 쉽게 대답하시기 어려운 질문일 텐데 충분히 생각하시고 천천히 말씀 부탁드릴게요. 질문들은 다시 여쭤볼 거예요.

수현 엄마   네. 중간에 제가 까먹어 가지고.

면담자   오늘 구술하실 내용의 전체적인 설명이었어요.

3
활동에 대한 소회

면담자   이제 세월호 참사가 있은 지 4년 10개월, 시간으로 그렇게 지났잖아요. 16년까지 지속적인 활동이 있었고 그 이후로도 추모제나 이런 공연 같은 것도 있었는데, 어머님께서 말씀은 "많이 참여를 못 하셨다" 이렇게 말씀해 주셨지만 그래도 그렇게 활동에 지속적으로 참여를 하실 수 있었던 이유는 혹시 무엇이라고 생각하시는지 여쭤볼게요.

수현 엄마   어… 그거는 결국 저희 수현이? 수현이한테 좀 덜 미안한 엄마? 좀 떳떳하고 싶은 엄마? 그런 마음으로 늘… 가려고 노력을 하죠. 그런 뭐 투쟁할 수 있는 그러한 장소가 있으면 가려고 노력은 했는데, 또 현실적으로 제가 일을 하고 있으니까 이제 대부분 주말이나 제가 일을 조정할 수 있는, 시간대를 조정할 수 있는 요일에는 이제 갈 수 있는데, 다른 때는 못 가고, 제가 이제 주말은 대부분 다 가려고 노력을 하죠. 그래서 뭐 문화제 같은 데나 이런 거는, 거의 주말에 하는 거는 안 빠지고 가려고 노력해요.

면담자   활동을 이제 많이 못 하신다고 생각하시니까, 그럴 때 어떤 감정이신지 혹시 여쭤봐도 될까요?

수현 엄마   제일 많이 드는 거는 미안함. 미안함이 제일 많이 드는 거 같아요. 그러니까 제가 참사를 겪고 나서 제일 미안했던 게, 이제 수현이가 제일 힘든 순간에 제가 같이 못 있었다는 [게]. 그리고 부모가 되면 자식을 늘 지켜야 된다고 생각을 하고 제가 그렇게 살았잖아요. 근데 제가 자식을 지키지 못했다는 미안함, 이런 것들이 굉장히 많아요. 그래서 그… 제가 활동이나 이런 거 잘, 열심히 못 하게 되면은 아이한테 제일 미안해요. 엄마가 아들이 이렇게 됐는데도 가만히 있다는 모습을 보이면 안 될 거 같아서. 그래서 늘 아이한테 미안한, 그런 마음으로 미안한 거 같아요, 여태까지 제가 말씀드렸듯이. 뭐 다, 다 미안하죠 뭐, 아이한테. 그래서 웬만하면 진상 규명 활동 관계된 것들은 다 제가 하고 싶고, 못 하면은 늘 마음 한쪽이 무겁고 미안함으로 늘 가득차고, 마음은 늘 거기에 있어요. 가고 싶죠, 제가, 못 가는 상황이 되면. 그래서 마음은 늘 그곳에 있고 몸은 그냥 제가 있는 곳에 있고, 그렇더라고요. 갔다 오면 마음이 좀 덜 미안한 마음이 생기니까, 네. 그래서 마음이 좀 편해져서 웬만하면 가고 싶어요, 가려고 노력하고, 네.

면담자   그럼 이제, 지금 현재 생각하셨을 때, 그 지난 활동들 중에서 어머님의 활동이나 선택에 대해서 기억에 남을 정도로 아쉽거나 후회되시는 일이 혹시 있었을까요?

수현 엄마   딱 물어보시면 뭐라고 이렇게 막 대답하기 어려운 거 같아요.

면담자   뭐 사건이 아니더라도 '아! 내가 이건 이렇게 했었으면 좋았을 텐데' 하는 느낌으로 남아 있는 일이라든가.

수현 엄마   저는 뭔가 그러니까… 제가 여태까지 아이들[을] 물론 혼내킬 때 큰소리도 치고 이러는데, [그 이외에] 이렇게 누군가한테 막 큰소리로 뭐라고 하고 이런 거를 잘 못하거든요. 근데 제 안에는 늘 분노가 있어요, 뭔가 외치고 싶어요, 욕도 하고 싶어요. 근데 그게 안 되는 거예요. 이게 밖으로 표출이 안 되는 거예요. 그래서 부모님들하고 많은 그런, 뭐 집회도 가보고, 그다음에 뭐 이렇게 저희가 팽목이나 진도체육관 있을 때부터도 경찰들하고 계속 대립을 했잖아요. 그 순간순간 다 제가 막 소리도 지르고 싶고 욕도 하고 싶은데, 그런 것들이 안 되는 거예요. 그게 안에 막 분노는 가득 차 있는데, 제가 왜 밖으로 그걸 잘 표출을 못 하는지는 모르겠는데, 그런 게 좀 후회돼요. 나도 막 욕도 하고 소리도 크게 치고 막 이랬으면 좋았을 텐데, 그러면 뭔가 제 좀 속이 조금이라도 더 시원해지고 막 이런 느낌이 드는데 제가 그거를 잘 못해가지고. 제가 처음으로 소리 지르고 욕해본 거는 그때 제가 구술할 때 말씀드렸던 그 팽목, 그 정리, 그 주차장에 정리 안 됐을 때. 그때 외에는 제가 딱히 소리를 지르고 이런 적이 별로 없어요. 근데 그때도 분노를 느꼈지만, 제가 분노가 없었던 게 아니고 늘 분노가 있었는데, 왜 그렇게 남한테 욕하고 소리 지르고 이런 거를 잘 못하는지 모르겠어요. 그래 가지고 목소리[가 작아서]? 목소리 때문만은 아닌 것 같은데, 하여튼 제가 그래서 많이 후회되는 경우가 좀 많았어요. 경찰들하고 대치했을 때도 하고 싶은 얘기[를] 막 소리 지르고 싶었는데, 막상 이렇게 대면하고 나면 그 말이 안 나와서, 네. 그런 게 좀 답답하고 후회도 되고, 네. '왜 그렇게 소리를 못 질렀을까?' 이런 생각이 들더라고요, 네.

면담자   분노를 다 표현하지 못하신 게.

수현 엄마   네네, 제 분노를 다 표현하지 못했어요, 네. 늘 이렇게 뭔가 모르게, 저도 모르게 이렇게 누르고 있다는 느낌? 네. 그래서 밖으로 제가 그 분노를 다 표출하지 못한 거 같아요.

면담자   그럼 혹시 활동에 대해서 아쉬웠다고 생각나시는 그런 부분은….

수현 엄마   활동에 대해서는… 더 열심히 활동했어야 되는데, 제가 생각한 거보다 덜 열심히 한 것 같아서 그게 제일 후회스럽죠, 네. 더 많이 안 빠지고 다 했어야 되는데 그렇게 못 한 거 좀 아쉬워요.

<비공개>

면담자   많은 부모님들이 그 말씀을 해주시더라고요.

수현 엄마   네. 진짜 아쉽죠.

<비공개>

면담자   그러면은 지난 시간, 4년 10개월 동안 어머니를 가장 힘들게 했던 점이 무엇인지를 여쭤볼게요.

수현 엄마   음… 이거는 또 다른 장소에서 다른 때 물어보시면 또 다른 게 될[대답 할] 수도 있을 거 같은데, 제가 지금 생각나는 거는 제가 너무 힘이 없다는 거. 그러니까 음… 저희가 수현이[를] 잃고 나서 제가 생각이 든 게 '내가 너무 힘이 없어서, 내가 부자가 아니어서, 내가 권력이 없어서 내가 이런 일을 당하진 않았을까' 어… 아빠가 좀 더, 저나 남편이 '더 부유했거나, 더 좋은 직업을 가졌다거나, 아니면 사회적으로 뭔가 알려진 사람이라든가 이랬다면 제가 과연 이렇게 억울한 일을 고대로 제가 이렇게 겪을 수 있었을까?' 이런 생각이 들더라고요. 그래서 제가 힘이 없는 게 너무 힘들었어요. [진상 규명 활동을] 갈 때마다 너무 억울했어요, 제가 힘이 없는 게. 그리고 이제 저희가 참사를 겪고 나서, 진상 규명 활동 하면서 대부분이 경찰하고, 권력 있는 사람들하고, 힘 있는 사람들하고 계속 이렇게 대치를 했었잖아요. 그때마다 너무 느끼는 게, 없는 사람이 너무 서럽더라고요, 네. 그게 너무 절 힘들게 했어요. 제가 '너무 힘이 없다'라는 거, 네. 그래서 아이들 위해서 제가 할 수 있는 게 없더라고요, 별로. 네. 그게 제일 힘들었던 거 같아요.

면담자　　　그건 이제 어떤 어머니 내부의 힘듦을 말씀해 주셨는데, 그러면 혹시나 외부적으로 가장 힘들게 했던 건 또 어떤 게 있었을까요?

수현 엄마　　어… 외부는…(한숨) 뭐 힘든 일들이 너무 많았는데, 이제 뭐 저희 일을 제대로 알려주지 않는 언론, 그 언론의 모습 보는 것도 힘들었고. 그리고 정치인들. 자기네 이익만 먼저, 자기네 이익을 우선하고 그다음에 국민이 있지, 국민이 있고 자기가 있지 않더라고요. 근데 그 정치하시는 분들은 저희를 대신해서 잘 살게 해달라고 그분들을[에게] 대표성을 준 거잖아요. 근데 그 대표성을 가지고 제대로 국민을 위해서 쓰는 게 아니라 자기들 이익을 위해서 쓴다는 게, 너무 제가… 참아내는 게 너무 힘들었어요, 그 참아내는 것들이.

그리고 또 힘들었던 거는… 우리나라의 그 사회적인 분위기. 그게 제가 알고 있었던, 그러니까 제가 여태까지 믿고 살았던, 알고 있었던 그 사회하고 너무나 달라서 '아, 이런 세계도 있구나'[라고] 너무 받아들이기 힘들더라고요. 근데 저는, 당연히 제가 힘든 일을 겪었고 가장 소중한 아들을 잃은, 가장 아픔을 겪은 사람이잖아요. 그것도 이제 자연스러운 죽음이 아니라 진짜 억울하게 죽었잖아요. 아직도 제가 아들이 왜 그렇게 여행 갔다가 죽었는지도 모

수현 엄마 이영옥

르는데. 근데 그런[억울한 일을 겪는] 사람들에다 대고 막 돌팔매를 던질 수 있는 사회, 그 분위기가 (숨을 들이쉼) 너무 믿어지지 않아요. 저 같으면 그렇게 못 할 것 같아요. 제가 알았던 그 사회는 그렇게 할 수 없는 사회거든요. 근데 똑같은, 저하고 똑같은 평범한 사람들이, 똑같이 그냥 아이들 낳고 아이들 잘되기만을 위해서 열심히 살아가는 [그게] 부모의 모습이잖아요, 근데 여태까지 저는 그런 부모만 있다고 생각을 했지, '이런 아픔을 겪은 부모한테 그렇게 아픈 말을 던지고 돌팔매질을 할 수 있는 그런 부모가 있다'라고 저는 상상하지를 못했거든요. 제가 너무 순진한 건지. 그래서 '그런 사회가 있다'라는 게 받아들이기 진짜 너무 힘들었어요. 그래서 '어우, 내 맘 같지 않구나. 나쁜 사람도 너무 많구나' 그게 제일 힘들었던 거 같아요. '그런 사람이 있다'라는 거를 제가 받아들이는 게.

면담자   그럼 이제 반대로 지난 시간 동안 어머니한테 그래도 가장 마음의 위로가 되었던 것이 있다면 어떤 것이 있을까요?

수현 엄마   그거는 제가 늘 얘기했듯이, 저는 대신 '이런 세계가 있다'라는 거도 몰랐고 '이렇게 아픔을 당한 사람들한테 비난하고 이런 사람들이 있다'라는 것도 몰랐지만, 또 [그 아픔을 함께 해주는] 그분들과[그런 분들이 있다는 거]. 자기 일이 아니잖아요, 그럼에도 불구하고 함께 하고 또 그거를 생각만 하고 공감만 하는 게 아니라 또 뭔가를 실천하시잖아요. '그런 세상이 있다'라는 거에 제가 또 놀랐죠. 저는, 제가 앞에서도 말씀드렸듯이 그냥 '저만 정직하게 잘

살면 사회가 잘 돌아갈 거'라고 생각하고 산 사람인데. 근데… 그, 사람한테 받은 상처는 사람한테 치유받는다고, 이렇게 그분들한테 진짜 많은 상처를 받았음에도 불구하고 또 이런 상처를 따뜻한 세상의 그분들한테 치유를 받더라고요. 그래서 '아, 그래서 조금은, 그래도 세상이 이렇게 다 나쁜 사람만 있는 건 아니고 좋은 사람도 있구나. 그래서 아직은 살 만하구나' 요런 마음을, 이런 마음을 이분들이 느끼게 해주셨죠. 그래 가지고 제가 또 제 부끄러움이기도 하지만, 이제 수현이 잃고 나서 제가 새로운 세상을 보게 된 거죠. 이렇게 '세상이 따뜻하다'라는 그 사실을 제가 알게 된 거죠.

그리고 어… 또 하나는 저 말고 억울한 분이 너무 많으신 거, 근데 그분들이 용기를 잃지 않고 뭔가 계속하고 계신다는 거, 그것도 되게 놀라웠어요. 가만히 있지 않으시고 이제 진실을 밝히고자 뭔가를 계속 꾸준히 하신다는 거죠. 그래서 저희가 있는 현장에 그분들도 같이 있는… 항상 같이 계셨고, 그래서 그런 세상도 놀라웠어요. '아, 이게 억울하면 계속 싸워야 되는구나'. 또 어떻게 보면 그게 또 아픔일 수 있죠. 저희가 안 싸워도 이게 해결이 돼야 되는 세상이어야 되는데, 네. 억울한 사람들은 그 억울함[을] 풀기 위해서 내 자신이 싸워야 된다는 거, 그것도, 네. 나쁜 쪽으로 놀랍긴 했지마는 하여튼간, 네. 그것도 좀 제가 받아들일 때 놀라운 거였어요.

면담자   그럼 어떤, 이제 앞에도 많이 말씀해 주셨는데, 어머니가 모르셨던 또 다른 세상들, 그리고 시민들의 참여, 그래서 혹시나 딱 뇌리에 박힌 어떤 사건이나, 뭐 어머니 마음을 너무나 따뜻하게 했던 그런 장면이나 그런 게 있었을까요?

수현 엄마　　뭔가 분명히 많았거든요?(웃음) 분명히 많았는데, 근데 많은 현장이다 보니까 딱히 [어느 하나를 말을] 하라 그러면, 매 순간순간이 저한테는 감동이었는데 이렇게 딱 더 특별하다고 얘기하면, 딱히 또 뇌리에 꽂히는 건 없는 거 같애요. 글쎄. 뭐 매번 [감동적이고] 그래 가지고. 음… 저는 그거. 그러니까 매번 제가 감동을 받긴 했었는데. 어… 이제 애 아빠랑, 수현이 아빠랑 집회 현장에 나왔는데, 저희가 [보통] 이제 그 분향소에서 버스를 대절해서 유가족끼리 같이 올라오잖아요. 근데 저희는 차를 갖고 왔어요, 저희 개인 차를. 그래 가지고 집회 현장에 왔는데, 저희가 그때 밥을 못 먹었었는데, 중간에 집회 [장소에] 가기 전에 [이제 그… 집회에] 그 광화문 쪽에 다 차가 다니지 못하게 이렇게 막잖아요. 그래서 사람들이 도로로 막 다니는 그때였는데, 저희가 이제 한 식당에 들어갔어요, 밥을 먹기 위해서. 그래서 "얼른 밥 먹고 집회 현장 가자" 해서 이제 밥을 먹으러 들어왔는데, 어떤 분이, 저는 전혀 모르는 분이죠. 테이블, 옆 테이블에 앉으신 분이 저희한테 "어, 수현이 아버님" 하시면서 저희를 알아보더라고요. 그러면서 "힘내시라"고 "진실은 꼭 밝혀지게 돼 있다"고 말씀하시면서 저희 밥값을 내주시고 가시더라고요. 그래서 "아니다, 저희가 그렇게 받을 수 없다"고 했는데 [그분이] "이게 진짜 마음"이라고 "따뜻한 밥 한번 이렇게 대접하는 게 자기 마음이니까 받아주시면 안 되겠냐"고 [하시더라고요]. 근데 그 진심이 전해지니까 저희가 거절할 수가 없어서 정말 따뜻한 밥을 맛있게 먹은 적이 있어요. 그래서 가시면서 "파이팅" 외쳐 주시면서 "힘내시라"고 이렇게 가셨던 시민분, 지금도 그분은 안 잊혀지는 것 같아요. 그래서 지금도 많이 [생각이 나요]. 그 "진실은 꼭 밝혀질 거라"고, 그 말씀이 정말 감사하죠. 아직도 그거는 진짜 잊을 수가 없어요, 그 말은.

4
참사 이후 가족관계, 자녀 교육관의 변화

면담자   그럼 이제 4·16의 경험이 어머니의 세상에 대한 관점이나 삶에 대한 변화를 가져왔다고 말씀해 주셨잖아요. 이제 이게 예민한 질문이 될 수도 있는데, 혹시나 이⋯ 사건으로 인해서 가족 관계에 변화가 있었는지.

수현 엄마   음⋯ 저희 같은 경우에는 다행히, 다행히 이제 가족들이 생각하는 게 같아요. 그러니까 저희 친정 엄마만 연세가 많으시고 이제 대부분은 이 정부, 박근혜 정부가 잘못했다고 다 생각을 가족이 했었는데. 〈비공개〉 [그래서] 그렇게 큰 갈등은 없었어요. 근데 이제 다른 가족들은 이⋯ 그러니까 전에 살던 삶을 똑같이 살아가는데, 저희 바로 위에 언니가 완전히 이제 정치에 관심도 굉장히 많아지고 그러고 나서 이제 그 모든, 모든 그런 정치 활동 하는 그런 방송도 다 보고. 팟캐스트 방송부터 시작해 가지고 뭐 하여튼 정치하고 관련된 방송은 다 들어요. 그러고 나서 정치 참여도 엄청 많이 하죠. 그래 가지고 저희 언니 같은 경우는 완전히 이렇게 다 바뀌었고. 제가 이제 뭐 활동을 하잖아요. 그러면은 언니랑 동생이랑 많이 와줬었죠. 광화문에도 같이 집회도 와주고, 이제 뭐 저희 뭐 몇 주기 이렇게 할 때도 다 와주고 그렇게, 언니랑, 그… 가족이 다 그런 건 아니고 바로 위에 언니하고 밑에 밑에 동생이, 제일 밑에 밑에 동생이 굉장히 열심히 활동을 많이 같이 해주고 마음도 늘 함께 해주고 그랬죠, 네. 그래서 가족하고는 특별하게 그렇게 갈등은 저는 없었어요, 네.

그리고 저희 친정어머니는 약간 좀 박근혜 편? 그래 가지고 저희 딸들한테, 저희 딸만 있는데, 완전 다 공격받으셨죠. "엄마, 그거 아니야. 이렇게 엄마가 이렇게 박근혜 편 들면 엄마 딸, 사위, 손자, 손녀 다 어렵게 사는 거야. 바뀌어야 돼. 얘가 뭘 잘못했는지 엄마도 알아야 된다고. 엄마 손자가 죽었다고, 얘 때문에" 막 이러면서. 엄마가 이제 [우리한테는] 그런 얘기 들으시는데, 친구분들이 다 그 옛날 향수에 젖어서 사시는 분들이에요, 박정희 향수에 젖어 사시는 분들이라서 또 거기에 모이시면 박근혜 편이 되시잖아요. 근데 이제 다시 저희한테 오면 저희가 또 중무장시켜서 거기 보내면 엄마가 [모임 갔다 집에 돌아와서] 또 막 얘기하다가 "[박근혜가] 뭐 했대" 이러면 "엄마, 그것도 아니야" 막 이래 가지고 다시 보내고, 막 중무장시켜 가지고 다시 보내고. 그래 가지고 저희 어머니는 많이 바뀌었죠, 친정 엄마 같은 경우에는. 그래서 네, 많이 바뀌셨어요. 그래서 이제 박근혜 욕하세요, "나쁜 년"이라고.

면담자   그런데 그럴 수밖에 없는…….

수현 엄마   네. 너무 오랫동안 그렇게 세뇌당하다시피 사셨잖아요. 그리고 또 전쟁을 겪은 세대이다 보니까 그 전쟁을 내세운 안보 그거에, 어르신들은 그 얘기만 나오면 그냥 다 박근혜 편 드니까. 근데 어쩔 수 없었는데, 하여튼 저희 어머니는 다행히도 네, 이렇게 조금조금 바뀌어서 가지고.

면담자   아무래도 살아온 경험이 다르다 보니까.

수현 엄마   네, 저하고 너무 많이 다르셔서. 네.

면담자   그리고… 다른 부모님들도 이 부분에 대해서 변화가 생기셨다고 말씀을 해주셔서 여쭤보는데, 그 자녀 교육관?

수현 엄마   아… 진짜 많이 바뀌었죠.

면담자   그거에 대해서 말씀 부탁드릴게요.

수현 엄마   전에는 어… 아무래도 지금도 다, 지금도 못 버렸을 수도 있는데, 근데 그 강도가 지금은 진짜, 전에는 막 이렇게 컸다면 지금은 한 요만큼 될까? 음… 아이들이 저는, 저도 [남들과] 똑같이 '성공했으면 좋겠다'라고 생각을 했어요. 그리고 물론 제가 늘 얘기했듯이 정신도 건강하고 몸도 건강해 가지고 이 사회에 한 일원이 됐으면 하는 마음이 늘 있긴 했었지만… 지금도 그 생각엔 변함은 없지만 그래도 아이가 성공만을 위한 삶을 살아가는 거는 훨씬 전에보다는 반대하죠. 그리고 전에는 음… 조금 더 아이한테 바라는 게 많았다면, 지금은 그냥 '건강하게 제 옆에만 있어주면 좋겠다' 이런 생각으로 많이 변했고.

그리고 전에는 제가 아이들한테 브랜드 옷을 잘 안 사줬어요. 왜냐하면 음… 물건에 대한 감사함, 이런 걸 저는 그래도 어느 정도 생각하면서 산 사람이거든요. 그래서 아이들한테 절대 비싼 옷을 사주지 않아요, 저는요. 그리고 뭐 '나이키'니 'MLB'니 이런 아이들이 좋아하는 브랜드를 잘 사준 적이 없거든요. 그래서 이제, 수현이는 근데 브랜드를 굉장히 좋아해요. 옷도 막 이렇게 모양 나는 그런… 지 말대로 '간지 난다'는 그런 스타일을 좋아해 가지고 브랜드도 엄청 좋아하고 하는데 제가 늘 그랬어요, 수현이한테. 자기가 뭐 친구 누구는 뭐 누구누구 잠바입고, 이렇게 얘길 해요. 근데 "사달라" 소리는 안 해요. 엄마가 안 사줄 걸 알기 때문에 "사달라" 소리는 안 하는데 "엄마, 애들이 요새 이런 거 입어" 이렇게 얘긴 하는데, 제가 그럴 때마다 얘기했던 게 "그게 다 낭비"라고 "그냥 옷은 깨끗하고 단정하게만 입으면 되지, 브랜드는 중요하지 않다. 나중에 니가 커서, 그런 거는 벌어서, 비싼 옷은 어른 돼서 입으면 되지. 지금은 니가 크고 있는데 그 옷이 작아져서 입을 수도 없을 수도 있는데, 굳이 비싼 옷을 입을 필요는 없다. 니가 어른이 돼서 그 비싼 옷을 사서 몇 년씩 입을 수 있으면 사는 게 맞다. 근데 아직은 니가 청소년기에 있으니까 키가 더 클 수도 있고, 살도 찔 수 있으니까 그거는 맞는 일은 아니다" 제가 늘 그랬거든요.

그래도 이제 가끔 세일하면 제가 나이키 운동화 정도는 10만 원 넘지 않은 선에서는 정말 어쩌다 한 번 사줬어요, 어쩌다 한 번. 뭐, 한 2년에 한 번 사줄까 말까? 그러면 저희 수현이가요, 저한테 "어머니! 감사합니다, 감사합니다"를 몇 번 했는지 몰라요. 왜냐면 엄마가 평상시에 사주지 않는데 제가 그걸 사주는 거에 대해서. 근데 이제 수현이가 모자도 그 유명한 'MLB' 모자를 갖고 싶은데 그게 막 거의 4만 원, 5만 원 이렇게 해서 제가 싼 거, 한 만 5000원, 2만 원 이런 모자를 사줬어요, 어떤 건 만 원 안 되는 것도. 근데 이제 [수현이보다 형인 제] 조카가 그 'MLB' 모자가 있는데 [수현이랑] 형아가 이제 뭐 얘기하다가 [수현이가] "형, 우리 엄마는 절대 브랜드 안 사줘" 이렇게 얘기한 거죠. 그랬더니 형이 "아, 이모 너무한 거 아니야? 이거 얼마나 한다고. 애 하나 사주지, 그렇게 좋아하는 걸" 그러면서 자기가 가지고 있는 'MLB' 모자를 줬어요, 진짜를. 수현이가 너무 좋아하는 거예요. 진짜 모자를 가졌다는 거에 대한 뿌듯함. 그래 가지고 애가 너무 좋아해 가지고. 그때 이제 한 번 하고, 제가 사주지는 않고 작은엄마가 생일 선물로 한 번 사줘서, 수현이가 모자가 많은데 딱 두 개만 진짜 'MLB' 모자고 나머진 다 이제 브랜드 없는(웃음) 그 짝퉁 모자를 갖고 있거든요. 근데 나중에 지나고 나니까 그것도 되게 많이 후회되더라고요.

저는 제가 아이들을 가르치는 교육관이라고 생각하고서 아이들한테 풍족하지 않게 하려고 되게 많이 노력을 했거든요. 그러니까 절약하고 살게 그렇게 만들려고 많이 노력을 했는데, 나중에 보

수현 엄마 이영옥

니까 그것도 후회돼요. 아이한테 제가 못 사줘서 안 사준 건 아니었거든요. 사줄 수 있는, 있음에도 불구하고 제가 안 사준 거였기 때문에 그런 건 되게 많이 후회되더라고요. '그냥 사줄걸. 사람 일이 어떻게 될지 모르는데, 그냥 사줄걸. 내가 그거 뭐 얼마나 한다고 안 사줬을까' 이런 후회가 굉장히 많이 들었어요. 나중에(한숨) 우리 수현이 그니깐, 어… (눈물을 글썽이며) 그… 나중에 우리 수현이 유류물 나왔을 때, 제가 수학여행 갈 때 옷도 안 샀으면 더 많이 후회했을 것 같더라고요. 근데 수현이 [물건을] 제가 물건을 버린 게 거의 없어요. 거의 없는 게 아니라 [참사 후에] 수현이 있을 때 작아서 버린 옷들, 양말, 런닝 같은 거, 그런 것도 이제 버리려고 모아 놨던 것도 다 다시 갖다가 정리해서 수현이 방에 넣어줬거든요. 근데 보니까 수현이 옷이 [별로] 없더라고요. 제가 '어머, 왜 내가 이렇게 옷을 많이 안 사줬을까' 입을 만한 게 없는 거예요, 애 옷을 보는데. 그래 가지고 '아, 내가 진짜 왜 이렇게 수현이 옷을 왜 안 사줬지' 막 그렇게 너무 많이 후회가 되더라고요. 저는 많이 사준다고 사준 거 같은데, 옷장 정리하다 보니까 정말 입을 만한 변변한 옷이 많지가 않더라고요. 그래서(한숨) '내가 정말 무슨 생각으로, 이게 진짜 제대로 내가, 내 그냥 교육관으로 아이를 괜히 이렇게 키웠나? 너무 부족하게. 그냥 풍족하게 키우는 게 더 낫지 않았을까?' 막 이런 후회? 그래서 되게 많이 후회했어요, 그래 가지고, 네. 너무…(한숨) 진짜 변변한 옷이 많이 없더라고요. 왜 이렇게 안 사줬을까요, 제가(한숨). 지금 말하면서도 너무 후회돼요, 그런 거.

그래 갖고 지금은… 또 이것도 나쁠 수도 있는데 ○○이가 사달라고 그러면 그냥 웬만하면 다 사줘요, 그렇게 또 후회할까 봐. 그래 갖고 제가, 제가 몇백만 원짜리 옷 사면 안 되는 거잖아요. 제가 뭐 그렇게 몇백만 원짜리 옷을 살 정도로 제가 여유로운 사람은 아니니까. 근데 몇십만 원짜리 옷은 사줄 수 있는 능력은 되니까 몇십만 원짜리는 제가 사주게 되더라고요. 근데 전에는 몇십[만 원]짜리 옷은 안 사줬어요, 아이들보고 낭비라고 사치라고 그런 옷 사준 적이 없거든요. 지금은 ○○이가 필요하다고 그러면 저는 안 사입는데 ○○이가 사달라고 그러면, 그리고 제가 봤을 때 너무 추워 보이면 제가 몇십만 원 옷은 사주더라고요. 그래서, 또 그렇게 후회하고 싶지 않아서, 그거는 많이 바뀌었어요. 물건에 대한 거는 좀 풍족… 웬만하면 사치 부리지 않는 범위 안에서는 해주려고 노력해요.

면담자　　그럼 이제 어떤, 어머니가 못 해준 거에….

수현 엄마　　네네, 못 해준 거.

면담자　　대한 후회에 대해 말씀해 주셨는데.

수현 엄마　　네, 가치관?

면담자　　간담회 같은 거 다니시면서 대안학교 같은 곳을 가보시고 그랬을 때, 보통 어머니가 생각하고 계셨던 나름의 교육관과 뭐가 달라진 게 있으셨는지 혹시.

수현 엄마　　　제가 대안학교 간담회 다니면서 '저희 아이들을 왜 대안학교에 안 보냈을까' 생각을 많이 했어요. 대안학교 간담회 가서 느낀 건데, 아이들이요, 일반 학교 아이들하고는 표정부터가 달라요. 그래 가지고… 뭐랄까, 이렇게 아이들한테 자유로움이 있어요. 어딘가에 딱 이렇게 틀에 짜여지지 않고, 틀에 이렇게 딱 맞춰지지 않은 그런 자유로움? 그래서 제가 저희 아이들을 좀 너무 그런 틀에다 박혀[아]놓고 이렇게… 그러니까 제 기준이죠, 제 기준으로 이렇게 '여기로 가야지 바르게 사는 거야'라고 정해놓고 그 길만 가게 한 것 같아요. 갔다가 오는 힘이 있어야 되는데 저는 가면은 '아, 그 길은 아니야. 이 길이 옳아' 이렇게. 다시 이탈했다가 올 수 있는 힘이 안 생기게 [내가 옳다고 생각한] 요 길만 가게 했던 거 같아서 그게 제일 많이 후회되더라고요, 아이들 교육하면서. 그래서 제가 너무 틀에다 끼우고 아이들을 교육시켰구나. 저희 아이들은 나쁜 짓을 한 적이 없어요, 그래서.

　　근데 어… 그래서 [아이가] 지금도 뭔가 새로운 일을 할 때 두려워하는 것 같아요. 제가 너무 이렇게 과보호하면서, 세상이 너무 험하다 보니까 제가 좀 과보호 속에서 아이들을 키웠거든요, 수현이도 그렇고. 수현이가 맨날, 한 번 얘기했던 거 같은데 "친구들은 막 엄마, 12시에도 돌아다니고 놀아. 근데 나도 그러고 싶은데 엄마가, 아빠가 못 하게 하니까 자기는[나는] 못 한다"[고] 그래서. 이제 늦게 어디 나갔다 오는 거 저희 집은 안 되거든요. 그래서 외출했다가도 특별하게 허락을 안 받으면 저희는 남의 집 저녁 먹기 전에는 들어와야 돼요. 그게 7시 안에는 들어와야 되는 거거든요. 그래 갖고 수현이가 늦은 밤에 별로 나간 적이 없어요. 이제 나가더라도 저는 아빠한테 꼭 허락을 받고 나가야 됐기 때문에, 그래서 수현이가 거기에 대한 불만이 좀 있었거든요. 그래서 늘, 그 나이되면 늦은 밤에도 돌아다니는데, 그래서 그것 때문에 좀 많이 수현이가 속상해했었죠. 그래서 저한테 또 그것 때문에 많이 좀 [말하면 저는] "그건 방관이야. 부모가 되어가지고 그 시간에 돌아다니는데 누가 냅두냐?"고 "나쁜 일도 얼마나 늦은 시간에 많이 일어나는데, 그건 아니다"고 그래서 수현이가 좀 불만이 많았죠, 늦게 못 나가는 거에 대해서, 네.

면담자   저희 어머니도 그러셨어요.

수현 엄마   그래 갖고 저희 뭐… ○○이는 대학교 3학년인가 그때 처음으로 남의 집에서 자봤어요. 그 전에는 한 번도 잔 적이 없었어요. 허락을, 아빠랑 저랑 안 해줘 가지고.

면담자   저도 대학생 때 집에 8시에 들어왔어요(웃음).

수현 엄마   맞아요. 똑같아요. ○○이도 그래요. 대신 이제 특별하게 뭐 활동이 있거나 아니면 친구들하고 술 약속이 있으면 그런 날은 이제 늦게까지 허락을 받는데, 제가 데리러 가죠, 위험하니까. 어디까지 이제 오고, 거기로 또 데리러 가니까.

5
참사 이후 국가관, 사회관, 정치관

면담자   국가를 바라보는 시선이 어떻게 바뀌셨는지요? 예전에는 국가라고 그러면 어떤 이미지였는데, 이후로는 어머니한테 국가가 어떤 이미지인지요?

수현 엄마   저는 최소한 국민이 힘든 일을 당하거나 억울한 일을 당하면, 그게 개인이 해결할 일이면 제가 해결을 하는데, 국가인 정부가 나서서 해야 될 일이 있을 때, 전 당연히 [국가가] 해주는 건 줄 알았어요. 왜냐하면 제가 그냥 소시민으로 살면서 정직하게 살았고, 세금 정직하게 냈고, 제가 국민으로서 할 역할을 안 한 거는 없거든요. 저는 제가 국민으로서 의무를 다했어요. 그리고 뭐 남편도 국방의 의무도 다 졌고, 납세의 의무도 다 졌고, 제가 국민으로서 해야 되는 의무는 다했거든요? 그래서 당연히 저는 국가로부터 보호받는[을] 권리가 저한테 있는 거라고 생각을 했죠. 근데 제가 이렇게 억울한 일을 당하고 났는데 그 범인이 국가일지도 몰라요. 이거는 있을 수 없는 일이잖아요. 국민을 보호할 의무가 있는 국가가 저희를 억울하게 희생한[희생하게 한] 그 범인이 국가일 수도 있다라는 게, 그게 저는 지금도 믿기지 않고, 앞으로도 안 믿겨질 거 같은데, 하여튼 제가 그런 일을 당했잖아요. 그래서 지금은 제가 무슨 일이, 억울한 일이 제가, 개인이 해결할 수가 없고 정부가 나서서 해결할 일이 있으면 지금은 못 믿죠. '이 사람들은 못

215

3회차

미더워, 정부는. 그러니까 내가 뭔가 억울하면 내가 소리쳐서 외쳐야 돼' 이런. 제가 또 피부로 절실히 제가 또 경험을 했고.

그래서 지금은 솔직히 의무 안 하고 싶어요. 저는 만약에 저한테 납세의 의무를 거부할 수 있는 거부권이 저한테 있다면, 저는 지금도 거부하고 싶어요. 그리고 처음에 이제 제가 참사 있고 나서 이제… 정부를 상대로 제가 계속 싸운 거잖아요? 그때 그 국회의원들의 행태를 봤을 때, 저는 세금 내고 싶지 않았어요. 그래서 거부 운동을 하고 싶다고, 부모님들 다 똑같이 얘기했어요, "우리 세금 다 같이 내지 말자". 진짜 세금, 이렇게 드러나는 게 없으면 세금 안 내고 싶어요. 지금도 세금 안 내고 싶어요. 내고 싶지 않아요. 근데 이제 '전 정부보다는 지금이 아무래도 국민을 위해서 세금으로 쓰는 게 많다'라고 제가 [생각은 해요]. 물론 저희한테 바뀐 거는 없지만… 그래도 지금 정부, 대통령은 국민을 위해서 많이 잘 활동하시잖아요. 그러니까 그나마, 그나마 지금은 그래도 세금을 내도 전에만큼 억울하지는 않은데. 뭐 그 당시에는 정말 세금 안 내고 싶었죠. 어떻게 해서라도 아무것도 안 내고 싶었어요. 자동차세고 뭐고 뭐, 내가 세금의 세 자, 뭐 그러면 간접세도 있을 거 아니에요. 그러면 안 사먹고 그냥 내가 자급자족하고 싶었다니까요. 하나도 안 내고 싶었어요, 진짜, 정부에다. 네. 네. 워낙 간접세가 많으니까 아무것도 내고 싶지 않았어요, 진짜. 다 자급자족하고, 내가 이 정부에다는 내가 아무것도. 그래서 담배 피시는 분 있으면 막 가서 뜯어말렸어요, 제가. 피지 말라고, 이 정부에 왜 담뱃세 비싸

게 왜 내냐고. 저희 제부, 피지 말라고 제가 엄청 뭐라 그랬어요.

면담자   그건 진짜 세금이죠.

수현 엄마   네. "아깝다"고 "국민 보호해 주지도 않는 정부에다
뭐 하러 세금 그렇게 많이 내냐"고. 특히 "몸도 안 좋아지면서 담배
핀다"고 제가 뭐라고 막 그랬었죠.

면담자   어머니의 삶의 변화, 그러니까 한국 사회나 정치에
관련해서 어머니의 생각이 이전엔 이랬는데 지금은 이렇게 바뀌었
다 하는 게 있으신가요?

수현 엄마   저는 너무 사회를 모르고 살아가지고. 제가 여러 번
말씀드리듯이 진짜 부끄럽게 살았거든요. 그리고 막 집회 나가고
[그러면 큰일 나는 줄 알았어요]. 저희 형부가 지하철 공무원이었어요.
그래서 이제 노조 협상 들어가려면 이제 그 파업하고 막 이러면 [저
는] 막 큰일 나는 건 줄 알고, 싸움 나가지고 경찰하고. [그런 게] 하
면 안 되는 건 줄 알고, 저는 진짜 그렇게 알고 컸어요, 그렇게. 교
육 현장에서 제가 '노동운동은 꼭 필요하다'라고 교육받은 적이 없
어요. 그리고 제가 [성장해 온] 사회적인 분위기가, 사회적인 분위기
가 노동운동하면 '빨갱이'라고 생각할 정도로 그런 사회적인 분위
기였거든요. 그런 분위기에서 제가 컸기 때문에 어른 돼서도 그 바
라보는 시각이 '저게 긍정적인 일이야'라고 생각을 해본 적은 없고,
형부가 그런 파업 현장에 가면은 "형부, 몸조심하세요" 이렇게 얘기
했었으니까, 제가. 그랬는데 이제 지금은 최소한 한국, 내가 [그런

걸] 몰랐던 그런 사회 속에서 살았었는데 [다른 분들은] 그전에도, 그전에도 이제 좀 더… 뭐라고 그럴까, 국민이 주인이 되는 세상을 만들기 위해서 많은 분들이 그동안 싸워왔잖아요? 근데 제가 전에는 그것도 몰랐고, 제가 참여한 적도 없고, 공감한 적도 없고, 저는 그냥 '저만 정직하게 살면 된다'라고 생각했던 사람이라서 그렇게 살았다면, 어… 그렇게 살았는데, 이제 지금[은] 안 [그렇죠].

그 사회? 한국이라는 사회는 너무 이렇게 이분화되어 있어요. 너무 그거에 놀랄 때도 많은데, 이제 한쪽은… 이렇게 잘살기 위해 노력하는 사람들. 그런데 [그게] 자기만 잘사는 게 아니라 함께 잘살기 위해서 노력하는 사람들. 한쪽은 이 잘살기 위해서 노력하는 사람들을 폄훼하고 방해하고 공격하는 사람들. 이렇게 딱 이분화가 [돼서] 이렇게 갈라져 있더라고요, 양극화. 그래서 그런 사회에 또 놀라고. 근데 사람은 마음이 다 비슷할 거 같아요. 그냥 다 같이 더불어 살면 좋지 않나요? 그러니까 제가 상식적으로 생각할 때는 나만 잘사는 게 아니라 옆에 있는 사람도 같이 잘살면 서로 막 기분도 좋고 다 잘살면 좋은 거잖아요. 근데 그게 안 되도록 계속 뭔가를 못 하도록 방해하는 그 세력이 있다는 거가, 그리고 우리나라엔 그런 사람이 더 많다는 거에… 좀 뭐라고 그럴까, 좀 이렇게….

면담자   배신감?

수현 엄마   배신감도 느끼면서 또 어떨 땐 너무 희망이 없는 거 같은, 막 이렇게 어디 나락으로 떨어지는 것 같은 느낌이 들기도

수현 엄마 이영옥

하죠, 네, 그런 거 보면서. 그리고 막 지금은 뉴스를 보면 막 이렇게 분노가 느껴져요. 정치인들 지금도 저기 국회에 민생법안 계속 [계류하고] 있어 가지고 지금 난리잖아요. 그거 보면서 '아, 저놈들은 월급을 주지 말아야 돼. 저 세금 갖고, 국민 세금 갖고 월급 줄 필요가 없어' 막 이렇게 분노를 느껴요, 그런 거 보면서. 그래서 좀… '우리 사회가 더, 다 더불어 잘 살 수 있는 사회로 바뀌었으면 좋겠다' 늘 마음은 그렇게 생각하고. 그리고 제가 최소한 그런 현장에서 제가 몸으로 가서 부딪히고 뭔가를 할 수 없어도 뭐 서명이라도 제가 [하려고], 옛날에는 저는 서명하지 않았어요. 귀찮기도 하고, 뭔가 이렇게 쓰면은 제 인적사항이 나가니까 쓰면 안 될 것 같은 생각이 들어서 저 자주 안 했거든요. 근데 이제 자식 키우는 사람이니까 자식하고 연관된 것들 했었어요. 근데 그 외의 일에는 제가 서명을 한 적이 없는 사람이거든요. 근데 지금은 뭐… 저기 청와대 청원이고 뭐고 다 억울한 사람들 거 들어오면 다 하죠, 네. 최소한 그런 거는 바뀐 거 같아요. 그리고 이제 최소한 힘든 일 겪은 분들한테 제가 공감할 수 있는 공감 능력하고 그리고 제가 [상황이] 허락하는 내에서 뭔가 함께 하려고 노력은 하죠. 그 노력하는 자세가 많이 바뀐 것 같아요. 전에는 제가 그렇게 실천력이 없다고 했잖아요. 마음은, 공감은 해도 또 나가서 제가 뭔가를 '해야 된다', '하고 싶어' 막 이렇게 마음만 있었지 늘 실천력이 부족했는데, 지금은 이제 그 실천력도 키우려고 노력을 하죠. 그렇게 많이 바뀐 것 같아요.

면담자　　　아무래도 사회와 정치에 대한 관심도가….

수현 엄마　　네, 높아졌고. 그다음에 전에는 정치에 대한 관심이 거의 없었죠. 저희 남편이나 시어머님이 정치인 얘기를 하면 정치인을 몰랐어요. "그게 누구야?", "국회의원" 이렇게. 정말 애들 키우는 데만 제가 정신이 있어 가지고 '애들 교육에 뭐가 있다', '뭐 어디 가면 뭐 좋다' [그런 거에만 관심 있고] 그리고 이제 제가 가르치고 싶은 것들 가르치고 아이들 데리고 뭐 견학 가고 뭐 보러 다니고 이런 거는 많이 했어도, 제가 정치인에 대한 관심은 없었어요. 근데 제가 수현이 일을 겪고 나니까, 이게 음… 정치로 풀어야 될 일들이 굉장히 많더라고요. 일단은 입법이 돼야 되는데 그 입법하는 사람들이 국회의원이다 보니까 정치하고는 뗄 수가 없잖아요. 근데 저희 일이 다 법을 정해서 법에 따라서 뭔가 이렇게 해야 되는 일들이다 보니까 정치에 관심이 굉장히 많이 생겼죠.

　　그리고 또 놀라운 거는 정말 '정치인들이 자격 미달이다' 그 점에 또 한번, 제가 '우리나라 정치인들 정말 엉망이다' 그거를 알게 돼서 또 놀랐고. 그리고 지금은 최소한 제가 할 수 있는 거는 '제대로 된 정치인을 뽑자' 그거는 [알게 됐죠]. 전에는 제가 한 번 이쪽 정권을 뽑았으면 저쪽 정권을 뽑는 식으로 제가 그렇게 했었는데, 지금은 국민을 위해서 제대로 일할 수 있는 사람을 뽑아야 된다는 건 알죠. 그래서 이제 그렇게 뽑으려고 노력을 하죠, 네. 저한테 최소한 주어진 권리를 잘 행사하려고 노력을 해요.

　　그래서 지금은 학교에서 정치를 가르쳐야 된다고 생각해요,

네. 그래서 제가 가지고 있는 참정권을 어떻게 잘 행사해야 될지 어렸을 때부터 막 가르쳐야 된다고 생각해요. 그래서 이렇게… 아예 어렸을 때, 초등학교 때부터 그러한 자기 자신이 갖고 있는 권리랑 정치에 대해서 어렸을 때부터 아주 자연스럽게, 제가 어디[에]서도 얘기하는데 이렇게 스펀지에 물 스며들 듯이 자연스럽게 그냥 내 몸에 밸 수 있게, 그렇게 교육 [현장]에서 가르쳤으면 좋겠어요. 그래서 저처럼 이렇게 나중에 나이 들어서 너무 몰라서 후회하지 않게. 그리고 나이만 어른이지 않게, 그렇게 좀. 아주 어렸을 때부터 교육받아서 자연스럽게 그렇게 정치를 알 수 있게, 그래서 제가 제대로 정치에 참여할 수 있게, 그렇게 교육 현장에서 그런 것들이 이루어졌으면 좋겠어요, 네.

면담자   사실 반장 투표부터가 어떻게 보면.

수현 엄마   네. 애들도 되게 웃겨요.

면담자   거기 부모님들이.

수현 엄마   네. 입김이 엄청 들어가요.

면담자   거기서부터가 잘못된 거죠, 사실.

수현 엄마   네. 진짜 그냥 아이들한테 맡겨놔야 되는 건데.

면담자   독일 같은 데는 초등학생 정도 나이 아이들한테 노사관계, 그러니까 그 입장이 돼보는 토론을 시킨다고.

수현 엄마   아유, 너무 좋아요. 부러워요, 그런, 그런 사회 너무 부럽고. 그리고 제가 얼마 전에 기사를 읽었는데, 이제 제가 전체 기사는 못 읽었고 그 독일의 전범들을 아직도, 아직도 이렇게 조사해서 밝혀내서 처벌을 하잖아요. 그거랑 영국에 그 축구장 [붕괴 사고], 그게 27년인가 제가 정확히 연도를 기억 못 하는데, 20년도 넘게 걸리는데 아직도 진상 조사를 한대요. 너무 그 사회적인 분위기가 너무 부러운 거예요. 그리고 이제 그… 그러니까 그런 조사가 정권이 바뀌면 멈추는 게 아니고, 계속 이어져서 20년이 넘게 그 조사 기구가 꾸려져서 아직도 조사하고 있다라는 게 너무 부럽더라고요. 제가 그 나라 국민이었으면 좋겠어요. 그렇게 부러울 정도로 되게 부럽더라고요. 우리도, 그러니까 저도 가만있으면 안 되는 거죠, 그런 사회 분위기를 만들려면. 저부터도 뭔가를 해야 되는데, 힘들긴 한데 하여튼 작은 거부터. 큰 거는 너무 저한테 힘들 것 같고, 작은 거라도 열심히 참여하려고 노력하면서 살 거예요.

6
이사하게 된 계기, 이웃과의 관계와 종교관의 변화

면담자　　이사하셨잖아요. 이사를 결정하시게 된 계기가 무엇이었나요?

수현 엄마　　음… 저희가 고향에, 고향에 이제 땅이 좀 있어요. 그래서 이제 남편하고 저하고 '퇴직을 하고 아이들이 다 크면 전원

주택을 지어서 시골로 들어가자' 이렇게 생각을 하고 있었는데, 그게 좀 앞당겨진 거죠. 근데 앞당겨진 이유는 도시에서 사는 게 너무 힘들었어요, 네. 도시 그렇게 막, 저희가 힘든 일을 겪고 나니까 뭔가 이렇게 복잡함? 인간들하고 자꾸 부딪히는 인간관계? 그리고 저희가 희생자 가족이다 보니까 이웃은 그렇지 않은데, 그런 색안경을 끼고 보는 게 아닌데도 제가 그런 자격지심이 생기는 거예요. 말 한마디에도, 작은 말에도, 저희를 생각해서 하는 말인데도 상처를 받고. 계속 남의 시선을 의식하게 되고. 그러니까 제가 사는 게 사는 게 아니에요. 이렇게 누군가한테 '계속 감시받고 있다'라는 느낌? 그러니까 너무 자유롭지가 못한 거예요, 늘 스트레스를 받고. 그리고 뭐 시장을 가더라도 '어머, 저 집은 애가 죽었는데 뭘 사다 먹는 거야?' 뭐 이렇게 생각할까 봐 그것조차도 너무 조심스러운 거예요. 그리고 제가 뭐 좋은 차 바꾼 것도 아니고 차가 [수명이] 다돼서 누구한테 충고를 받았어요, "오래 살고 싶으면 차를 바꾸라"고 "박근혜보다 오래 살고 싶으면 차를 바꿔", 경빈 아빠가 저한테. 한번은 제가 경빈 아빠가 제 차를 운전한 적이 있는데, "수현 엄마는 박근혜보다 오래 살고 싶으면 차를 바꿔야 된다"고 "차 너무 위험하다"고 "너무 오래됐고" 그래서 제가 이제 차를 바꾸게 됐는데, 큰 차도 아니에요, 작은 차로 바꿨는데 그것도 그렇게 눈치가 보이는 거예요. 그런데 제가 능력이 없어서도 아니고 제가, 제가 벌어서 바꿨는데도 그게 그렇게 눈치가 보이더라고요? 모든 게 다, 남의 시선을 제가 의식하고 싶지 않은데도 자꾸 저도 모르게 의식이 다 되는 거예요. 그래서 이제 이사를 하자.

　이제 거기에 수현이를 데려오는 것도 있었죠. 이제 수현이를 제가 [수현이가] 하늘공원에 있었는데… 마음이 너무 아픈 거예요. 하늘공원은 이렇게 실내 공간이 아니라 벌판에, 밖에, 외부에 있는 공원이거든요, 추모 공원인데. 비가 오면 비가 오는 대로, 바람 불면 바람이 부는 대로(한숨), 마음이 너무 아프고 불편한 거예요. 저는 따뜻한 집에 있는데 '바람 부는데, 수현이는 추운 데 있는데. 비바람이 치는 데, 나는 이렇게 안전한 집에 있는데, 우리 수현이는 그런 데 있는데' 이런 생각이 드니까 너무 마음이 아프고 힘들어서, 제가 이제 상담하다가 정혜신 박사님한테 이렇다고 하니까 "아, 그러면 데려오는 건 어떻겠냐"고 말씀[하시더라고요]. 근데 저는 한 번도 수현이를 집에 데려온다고 생각을 왜 못 했을까. 선생님 말씀을 듣고 '어! 데리고 와야 되겠다' 제가 그 생각을 했죠. 그래서 애 아빠한테 "이제 데리고 오고 싶다"고 그랬더니 애 아빠도 저랑 똑같은 생각을 하고 있더라고요, 데리고 오고 싶다고. 그래서 이제 수현이를 데리고 왔는데, 이제 그 안에는 정부에 대한 그 항의의 의미도 있어요. 왜냐하면 [참사 난 지] 몇 년이 지났는데 저희 아이들이 [여전히] 다 뿔뿔이 [흩어져] 있는 거예요. 집에 있는 아이도 있고, 뭐 서호에 있는 아이도 있고, 효원에 있는 아이도 있고, 수목장 한 아이도 있고, 하늘공원에 있는 아이들도 있고. 다 아이들이 똑같은 희생을 당했는데 다 뿔뿔이 다른 곳에 친구들이 다 있잖아요. 그래서 정부가 이렇게 몇 년이 지났는데도 우리 아이들 한곳에 모아놓을 그 공간조차 마련해 주지 않은 거에 대한 항의의 마음도 다 포함을 해서 저희가 수현이를 데리고 갔죠, 집에.

그래서 이제 시골에 이사를 갔는데, 남… 그 시선에 대해서는 되게 자유로워졌어요. 마음이 좀 부담감이 덜어졌죠. 근데 제가 활동하는 거는 좀 거리상 멀어졌잖아요. 거기에 대한 미안함은 또 있더라고요, 생기더라고요. 제가 거리상도 있고 제가 일을 시작했으니까. 어, 이사 가면서 제가 또 일을 시작했기 때문에 그런 또 미안함이 생겼고, 그래서 음… 이사할 때 하여튼 쉽지는 않았어요, 결정하는 게. 왜냐면 수현이 거기서 낳고 거기서 아이들이 다 컸기 때문에 어… 수현이를 꼭 버리고 오는 느낌이었어요. 그래 갖고 굉장히 많이 힘들었어요. 근데 이사하는 날 딸하고 많이 울기도 했는데, 그 문에… 현관문에 (눈물을 글썽이며) 수현이가 이렇게 'ㅋㅋ' 이렇게 써놓은 글씨가 있어요. 근데 그거는 우리만이 아는 거잖아요, 우리만의 추억이잖아요. 거기서 20년 넘게 살다 보니까 수현이가 그렇게 남들도 모르는 곳에 낙서나 자기 표시를 해놓은 것들이 있어 가지고, 꼭 우리 수현이를 버리고 오는 것 같아서 많이 힘들었는데, 이제 우리 수현이가 집으로 와서 그게 좀 위안이 됐죠. 그래서 이사는 좀 힘들었는데, 지금은 좀 많이 편안해졌어요. 그 집에 익숙도 해졌고, 그래서 지금은, (눈물을 닦으며) 지금은 지금 사는 곳이 좋아요. 시골이라서 조용하고 부대끼지, 사람들하고 부대끼지 않아서 너무 좋아요.

면담자   방금 말씀해 주신 것처럼 수현이 자랄 때까지 안산에서 꽤 오래 사셨잖아요.

수현 엄마 네, 굉장히 오래 살았죠.

면담자 그럼 이제 아무래도 한곳에 오래 사셨으니까 이웃들도 많이 있으셨을 텐데 그런 관계 변화는 좀 있으셨는지.

수현 엄마 음… 그런데 제가 워낙… 그러니까 잘 지내는 사람하고만 잘 지내는 편이라서, 저희 이웃은 뭐 저한테 불편하게 한 거는 없었어요. 늘 응원해 주고, 뭐 먹을 것도 챙겨다 주시고, 많이 마음 써주셨는데, 이제 연세가 있으신 분들은 이렇게 당신이 저를 생각해서 말한다고 하지만 저한테 상처가 되는 말들[을 하세요]. 그래서 "산 사람은 살아야지. 잊고서 그냥 남은 자식 잘 키워야지. 잊으라"고 이렇게 말씀하시면, 그게 나쁜 뜻으로 말하는 건 아니에요. 저 걱정해서 하신 말씀인데도 그게 그렇게 듣기가 싫어요. 그리고 이제 그게 또 상처가 되고, 그래서 보기 싫죠. 근데 또 이웃이니까 안 볼 수는 없고, 그런 것도 이사 요인이 됐죠.

그래서 이웃, 이웃은 그전에는 만나면 반갑고 뭐 반가워서 저는, 수현이도 그렇지만, 저는 뵐 때마다 인사를 하는 스타일인데, 저희 아이들이 이제 어르신들을 이웃에서 보면은 볼 때마다 인사를 하거든요, 큰아이도 그리고 수현이도 그리고. 그래서 이제 [저도] 그랬는데 [참사] 다음에는 제가 피하게 되더라고요. 이렇게 가다가 전에는 [이웃 어르신이] 있으면은, 여기에 있으면은 이제 이렇게 멀리서 기다렸다도 이제 뵙고 인사드리고 뭐 "요즘 어떻게 지내세

수현 엄마 이영옥

요?" 인사 나누고 그렇게 갔는데, [지금은] 저쪽에 계시면은 저는 [피해서] 저쪽 횡단보도 건너고, 이런 식으로 제가 피하게 되더라고요. 그래서 이렇게 와서 또 당신은 저 생각해서 하는 말씀이신데 제가 또 상처가 되니까, 그런 말들에. 그래서 아예 그냥 이렇게 피하게 돼서, 그렇게 말 안 하는 사람만 보게 돼요.

그러니까 [자기는] 이렇게 생각한다고 그런 말 안 하시는 분들만 그렇게 보게 돼서, 인간관계가 전에는 이렇게 넓었다고 생각한다면 정말 인간관계가 요만해졌다고 생각하시면 돼요. 새로운 관계 맺는 것도 조금 힘들고, 대신 이제 저희 사정이 어떻고 이제 선생님처럼 저희 일이 어떻다는 걸 관심 갖고 활동하시는 분들하고 관계는 쉬운데, 제가 전혀 저의 일에 대해서 모르거나 그런 사람들하고 새로운 관계를 맺는 거는, 전에는 아무렇지도 않은 일이었어요, 저한테는. 제가 워낙 또 사람하고 친해지는 거에 어려움을 두는 사람이 아니다 보니까 금방금방 잘 친해지고 이랬는데. 지금은 친해지고 싶은 마음도 없고, 또 막상 관계가 맺어진다고 하더라도 너무 힘들어지죠. 그런 것들이 많이 바뀌었어요. 그리고 마음을 이렇게 딱 터놓지를 못하겠고. 새로운 관계를 맺었을 때, 저희를 모르는 사람들하고 마음을 터놓지를 못해요. 그렇다고 제가 "저 세월호 유가족이에요"[라고] 먼저 말할 수도 없잖아요. 그러니까 이 사람 관계 맺는 것이 너무 힘들어요.

면담자   상대방은 의도하지 않았는데 상처를 받으시기도 하시니까.

수현 엄마   그리고 제가 세월호 유가족인 줄 모르고 [상대방이] 세월호에 대해서 무슨 말을 했는데, 그럼 제가 그 자리에서 "나 세월호 유가족이야. 그래서 뭐 어쩌라고?" 이렇게 할 수는 없는 거잖아요. 그랬을 때, 그 관계가 너무 힘들더라고요. 그래서 아예 새로운 관계를 맺으려고 제가 안 하더라고요, 힘드니까 그런 것들이.

면담자   어머니 천주교 냉담하셨다고.

수현 엄마   지금도 별로 가고 싶진 않아요.

면담자   근데 이제 그 가고 싶지 않다는 감정이 [종교]집단에 대한 감정인지, 아니면 어떤 믿음? 믿음에 대한 회의신지.

수현 엄마   두 개 다인 것 같아요. 네, 저희가 참사 겪고 나서 그 종교인들이 했던 행태? 말도 못 해요. 그리고 제가 가장… 뭐 별 말씀 별 말씀 다 하셨죠, 막 진짜 종교인으로서는 절대 말하면 안 되는 것들. 물론 하느님이 그런 거는 아닌데 하느님을 빌린 자들이잖아요. 그 사람들이 하느님 대신에 복음을 얘기하는 사람들이고, 올바로 살라고 [사람들한테] 그분들이 하느님 대신에 말씀해 주시는 사람들인데, 그 사람들이 그렇게 얘기했을 때는 저한테는 하느님이 말하는 것처럼 들릴 때도 있었어요, 솔직히. 물론 제가 이성적으로 알죠, 그거를. 왜 모르겠어요. 하느님이 말 안 하는, 그 사람이 하는 일이라는 거를 아는데도, 그 종교 자체에 막 혐오감이 생기더라고요. 그러면서 제가 '안 가리라' [결심한 거죠]. 그리고 진짜 하느님이 있다면 우리 아이들 그렇게 갈 수 없었죠, 그렇게 억울하게. 그러니까 더더군다나 하느님을 안 믿고 싶어요. 그러고 나서 하느님을 빙자해서 했던 그 종교인들의 그 말, 그 말이 와, 이거는, 그 어르신들이 저희한테 꽂은 말보다 더 심한 거 같아요, 네. 그리고 제가… 광화문에, 광화문에 제가 왜, 미수습자 [가족]분들하고 피케팅 같이 했었다고 했잖아요. 그때, 그분들이 지푸라기라도 잡으시고 싶은 그 심정에서 지금…(한숨) 또 기억이 안 나는데, 무슨 큰 교회였는데, 순복음교회는 아니었고.

면담자   사랑의 교회?

수현 엄마   사랑의 교회 아니었던 것 같은데. 근데 하여튼 그 엄청 큰 교회예요. 그 목사님이… 그리고 아마 그때 몇 분 부모님이 새벽 일찍, 아침 일찍 저희가 새벽에 올라갔어요. 그분들이 온다고 그래서 좀 '유가족분들이 와 계셨으면 좋겠다' 그래서, 부탁을 미수습자 [가족]분들한테 받아서 제가 아침에 일찍 올라갔어요, 새벽에. 근데 이제 그분들이 왔는데, 미수습자 [가족]분들은 그 종교인분들한테, 저희가 교황님 왔을 때 지푸라기 잡는 심정이라도[심정으로라도] 그분한테 뭔가 이렇게 도움을 받기 위해, 네, 그렇게 했는데, 그분들도 이제 그런 마음으로 했는데, 정말 와서 악수만 하고 갔어요. 악수하고 플래시 터뜨리고 고생한다고 밥 사준 게 [다예요]. 그리고 바뀐 건 하나도 없어요. 진짜 그 자기네 사진 찍기 위해서 왔더라고요. 그래서 저는(한숨) 원래도 알고 있었지만 너무 실망스러워서 '내가, 내가 종교를 갖지 않으리라' 그렇게 생각을 했어요. 종교 안 가져요, 지금 심경으론 종교를 안 가질 것 같아요, 다신. 안 갈 것 같아요, 네.

7
현재 가장 걱정하는 점, 딸아이와의 관계, 인생의 목표

면담자　　　그럼 어머니, 현재 가장 걱정되거나 고민하는 점이 무엇인지 포괄적으로, 어머니의 삶에 있어서 가장 걱정되고 지금 당장 고민하고 계신 일이 혹시 있으신지 여쭤볼게요.

수현 엄마　　　음… 저희 신랑? 음… 저희 신랑은 그냥 삶이 오로지 '진상 규명'이에요. 그냥 다 온 정신이 거기에 있다고 보면 돼요. 근데 어… 저는 제가 공부하는 게 제 숨통이라고 했잖아요. 제가 숨 쉬려고 제가 제 공부도 하고 하는데. 그리고 이제 공부, 같이 모임 하면서 좋은 분들 만나면 제 편이라는 생각이 있으니까 저는 좀 이렇게 마음이 편해지기도 하고 내 편이 늘 옆에 있어주는 거잖아요. 그리고 늘 힘이 돼주는 사람이 옆에 있고. 그리고 맛있는 것도 같이 먹으러 가게 되고, 이제 좋은 데 있으면 같이 보러도 가고. 저는 이렇게 푸는데, 남편은 스트레스를 어디다 풀 수 있는 방법이 없어요. 그러니까 다 오로지 그 '진상 규명'이다 보니까 직장에 스트레스받죠, 집에 오면 또 그 자료, 이제 진상 규명 자료 읽어서 밝히는 일 하니까, 맨날 앉아서 이제 그 일을 하는 거예요. 그러면 애 아빠는 어디다가 풀 데가 없는 거예요. 그러니까 제가 늘 음… 그러니까 남편이 늘 얘기해요. 자기가 이거를 수현이가 준 숙제라고, 죽기 전에 꼭 풀어야 하는 숙제라고 생각을 해서 하긴 하는데, [애 아빠가] 건강을 보살피는 스타일이 아니에요.

면담자　　　그냥 그 일에만 몰두하시는….

수현 엄마　　네, 완전히 거기에 하나 꽂히면 이제 주위 거 안 보고 거기에만 올인 하는 스타일이다 보니까. 제가 그래서 "자기 끝까지 간다며. 건강을 챙겨라". 늦게 되면 뭐 못 먹게 한다거나, 아니면은 술 못 먹게 한다거나 뭐 이렇게 제가 막 관리를 하거든요. 근데 혹시라도 제가 그렇게 잔소리하는 것 때문에 또 스트레스받을까 봐, 제가 또 그게 또 스트레스인 거예요, 설마 이것 때문에 또 스트레스받을까 봐. 그래서 지금은 늘… 이제 ○○이 건강 걱정, 애 아빠 건강 걱정, 그런 거죠. 그리고 언제쯤 우리 좀 제대로 뭐 밝혀질까, 늘 뭐, 그거는 제 마음속에 늘 떠날 수 없는 거라서 지금 현재는 그런 걱정, 제일 많이 드는 거는. 네, 그래요.

면담자　　　○○이 건강 걱정. 아버지 걱정도 하지만 ○○이 건강 걱정한다고 말씀하셨는데, 〈비공개〉 지금 졸업반이라고 말씀해 주셨잖아요. 〈비공개〉 제가 이제 구술을 하다가, 듣다 보니까 워낙에 가족 관계가 좋으셔서, 사고 전에도 좋으셨고. 혹시라도 뭐 사건 이후로 ○○이와의 관계가 조금 뭐 분위기나 이제 변화된 게 있는지 혹시 여쭤봐도 될까요?

수현 엄마　　분위기는 그런데, 제가 좀 저희는 저희 딸한테 욕한다는 건 생각을 못 해요. "이놈의 기집애"도 못 했어요. 왜냐하면 ○○이가 "엄마, 왜 그렇게 나한테 얘기해?" 그러기 때문에. 제가, 왜냐하면 좀 이렇게 제가 잘못한 거죠. "욕을 하면 안 되는 거야. 말이라는 거는 너를 대신하는 건데, 그 안에 네가 담겨져 있는 게 말이야. 그래서 그 안에 다 담겨져 있으니까 말은 예쁘게 하는 게 맞아" 이렇게 가르쳤는데, 제가 어느 순간 "아, 이놈의 기집애" 그러면 안 되는데 저도 모르게 나온 거예요. 그러면 쟤가 어떻게 했냐하면, ○○이는 또 어렸을 때부터 진짜 똑똑했거든요, 그럼 거기에 또 반기를 들어서 "엄마는 그렇게 얘기해 놓고 엄마가 왜 그런 말을 써?" 이렇게 얘기하니까. 그래서 제가 얘기하다가 "아니, 그게 아니고 아유, 이놈의 지지배배"라고 이렇게 막 얘기하고 제가 그랬어요, 어렸을 때부터. 근데 지금은 이제 컸잖아요. 크기도 하고 이제 큰일 겪다 보니까 전에는 이제 딸아이 상처받을까 봐 조심조심했던 거를 지금은 그냥 얘기한다고나 할까. 고것만 바뀐 것 같아요.

면담자　　뭔가 좀 더 솔직해진.

수현 엄마　　네. 굉장히 솔직해졌죠. "너 그랬을 때 엄마도 짜증나. 너만 짜증 나는 줄 알아?" 이렇게. 근데 전에는 상상을 못 하는 거예요. 저희 딸 조금이라도 상처받을까 봐, 저는 그런 말하면서 키워본 적이 없거든요. 그러니까 조심조심 키웠는데 지금은 이제 둘 다 다이렉트죠. "엄마도 그러거든?" 둘이 막 그러다가 "그래, 지지배야. 너 잘났어" 막 이렇게도 얘기하고, 진짜 솔직해지고 훨씬 더 그런 자기감정 같은 거는 얘기하는 거 같아요. 그리고 이제 저는… 수현이 얘기도 ○○이랑은 되게 편하게 얘기하는 편이에요. 그래서 관계는, 저희 가족 같은 경우에는 더 끈끈해졌죠. 전에보다 셋이 더 많이 끈끈해졌어요. 서로 걱정해 주고, 이제 막 잘한다 해 주고, 그리고 이제 남편 하는 일도 "자기니까 할 수 있어. 대단한 거야" 이렇게 늘 북돋아 주고. 근데 [그게] 또 사실이고, ○○이도 늘 "아빠 존경한다"고 얘기해 주고 "아빠 말이 맞다"고. 근데 이제 ○○이도 늘 아빠를 걱정해요, 건강. 아빠가 워낙 스트레스받는 일을 하니까, 아빠 건강 해칠까 봐 늘 저희 가족이 다 그 걱정이죠. 그래서 가족 관계는 특히 뭐 나빠지거나 그렇진 않았어요. 그리고 애 아빠도 이제 전에는 마음속에 늘 이제 사랑하는 마음이 있어도 말로 표현하는 세대가 아니다 보니까 애 아빠는 그런 표현을 잘 못해요. 근데 이제 지금은 그래도 전보다는, 그러니까 하려고 노력을 하죠, 네. 조금은, 전에보다는, 조금 더 표현을 하는 거 같애요, 고마우면 고맙다고 얘기해 주고. 근데 그것도 많이 좋아진 거는 아닌데 전에보다는 조금 표현하는 편이에요. 그래서 가족 관계는 저희는 좋아요.

면담자   ○○이랑 여행도 갔다 오시고.

수현 엄마   네. 너무 좋았어요.

면담자   그때 뭐 어디 수현이랑 관련된, 바다에 가는 거는 힘

들었다고 그런 것 말씀해 주셨는데, 그 기억 말고 ○○이랑 여행
하시면서 기억에 남는 일이나, 어떠셨는지.

수현 엄마　　　　○○이랑은 이렇게, 저희는 뭐 패키지여행을 해본
적이 없어요. 그래서 ○○이랑, 이제 ○○이가 준비를 많이 했는
데, 티케팅이랑 일정 짜고 이런 거를 ○○이가 다 해서 지금은 진
짜 도가 틀 정도로 그런 거 되게 잘하거든요. 근데 이제 그 준비하
는 과정 보면서 제가 '○○이가 진짜 많이 컸다' 뿌듯도 하고 그랬
는데 이제 여행, [직접] 부딪혔잖아요. 여행을 이렇게 패키지로 가
는 게 아니라 저희는 자유로운 여행을 가다 보니까 외국인하고 부
딪혀서 짧은 영어로 말도 해보고 뭐 다, 저희가 부딪히는 대로 다
이렇게 여행을 하면서, 조금 조그맣게 에피소드 같은 것들이 생기
잖아요. 그때 이제 둘이 투닥거리기도 하고 "잘했어"도 하고 "야,
너 진짜 잘했어", "어우 놀라운데?" 뭐 이렇게도 해보고. 그래서 그
사소하게 저희가 그 여행하면서 생긴 것들 때문에 더 많이 딸하고
이렇게 끈끈해졌어요. 원래도 딸하고 저는 끈끈했거든요. 근데 이
제 그렇게 둘만의 시간을 보내면서 더 끈끈해졌죠. 그래 가지고
네, 지금은 뭐.

　　아, 그거랑, 아 지금 생각났는데 그거랑 걱정이, 미리 사서 걱정
한다고 할까요? 근데 저희가 한 번 가족을 잃어봤으니까 약간의 걱
정, 이렇게 건강 걱정 같은 거 하잖아요. 가족이 하나 어떻게 될까
봐 그 걱정이 늘 있어요. 만약에 예를 들면, ○○이가 전철을 타고
갈 일이 있잖아요. 불안한 거예요. "엄마, 도착했어"라고 연락이 오

234

수현 엄마 이영옥

기 전까지 불안해요. 그리고 애 아빠가 눈 오는 날 출근을 하잖아요? '사고 나는 거 아니야?' 불안해요, 늘. 그런 불안은 늘 있어요, 같이. '가족 건강' 플러스 그런 '어떻게 될까 봐, 가족이 어떻게 될까 봐', 그런 걱정이 늘 마음에 있어요. 근데 얼마 전에 ○○이랑 그 얘기를 했는데 ○○이도 똑같더라고요. 그래서 "엄마, 남들이 보기에 우리 이상하다고 할 수도 있겠다. 우리 맨날 그런 걱정 하는데" 자기도 맨날 그 걱정을 한다는 거예요. '엄마, 아빠가 어떻게 되는 거 아닌가' 이런 걱정. 그래 가지고 저하고 ○○이가 똑같더라고요, 그건. 불안해요. 터널 지나가면 터널 어떻게 되는 거 아닌가 불안하고, 다리 지나가면 다리가 또 어떻게 되는 거 아닌가 불안하고, 다 그렇더라고요.

면담자   이제 그럼 ○○이한테 특별하게 바라시는 점이 있으시다면.

수현 엄마   ○○이요?(한숨) ○○이가 참사 겪고 나서 진짜 한 번도 안 아픈 적이 없었어요. 뭐 어지럽다, 머리 아프다, 원래도 약한데 살이 찌질 않았죠. 되게 힘들어했어요. 그래서 병원도 워낙 자주 가고. 근데 뭐 특별하게, 또 특별하게 [건강에는] 아무 일 없어요. 근데 이제 워낙 힘든 일 겪다 보니까 정신적으로 힘든 거겠죠? 그래서 ○○이 건강한 거. 그리고 자기가 뜻하는 거 꼭 이뤘으면 하는 마음이 있죠. 그리고 이거는 제 욕심인데, 근데 이거는 ○○이가 아니면[원하지 않으면] 안 해도 되는 거. 근데 이제 제가 힘든 일 겪다 보니까 주위에, 주위에 이렇게 힘든 분들을 위해서 이제 저희가 못 하는 것들이 있잖아요. 저희가 전문적으로 알 수 없는 일들. 그거를 전문적인 지식을 갖고 있으신 분들은 저희를 도와주실 수 있고, 저희가 그런 경우잖아요, 지금. 전문적인 지식을 갖고 있고 힘이 있으신 분들이 도와주시면 훨씬 더 잘 갈 수 있으니까. 그래서 ○○이가 그런 분들 위해서 그런 분들 옆에서 도움을 줄 수 있는 그런 참사람? 됐으면 [하는] 진짜 욕심이 있는데, ○○이가 "엄마, 나 그거 아니야. 나는 그냥 내가 살아갈 수 있는 방향, 내가 살수 있는 방향으로 살 거야" 그러면 그것도 좋은데, 조금 욕심을 부리자면 그런 사회의 일원으로 살아갈 수 있는 사람으로[이] 됐으면. 그게 조금 욕심이 아닌 욕심으로 있어요. 네. 그리고 건강한 거.

면담자　　어머니, 이제 앞으로 남은 삶에서 한 가지 추구하고자 하는 목표가 있으신지 혹시 여쭤봐도 될까요?

수현 엄마　　음… 좀 제가 비현실적인 얘기라서 좀 말씀… 드려도 될까? 뭐 이런데… 제가 공부를 계속하고 싶다고 말씀드렸잖아요. 그런데 이제 전에는 제 일하고 연관된 공부를 하고 싶었었는데, 지금은 좀 사회에 공헌할 수 있는 일하고 관계된 공부를 하고 싶은 욕심이 생기더라고요. 근데 이거는 제가 못 이룰 수도 있는 거고 그냥 바라는 점… 이라고 할까? 희망하는 거. 그래서 이렇게 그냥 제가 할 수 있는 일을 조금 더 잘할 수 있게, 약간 전문성이라는 그런 걸 갖추고 싶다는 생각을 했어요. 그래서 저희 딸아이한테

수현 엄마 이영옥

"엄마가 조금만 젊으면 엄마 이런 거 하고 싶어. 어느 날 이렇게 생각해 보니까 엄마가 너무 사회에 공헌한 적이 없는 거 같애. 그래서 이렇게 전문성을 갖고 한번 일을 해보고 싶은 마음이 있어. 혹시 공부를 한다면, 계속한다면 그런 공부를 하고 싶은데 엄마 나이가 너무 많지?"이랬더니 저희 딸이 용기를 주더라고요. "엄마, 그거는 엄마 하고 싶으면 언제든지 할 수 있는 거야. 해봐" 이렇게 용기를 주더라고요. 그래서, 근데 또 이렇게 마음만 있다가 체력이나 뭐 다른 것들 여건이 안 되면 못 할 수도 있고, 또 마음이 바뀔 수는 있는데, 지금으로서는 그런 희망이 있어요, 하고 싶은 생각이.

면담자   체력 관리 하셔서 하셔야죠.

수현 엄마   아, 근데 못 할 수도 있고, 하여튼. 네(웃음). 하여튼 그런 관련된 공부는 해보고 싶어요.

8
진상 규명의 의미와 그 전망

면담자   어머니, 이제 선체 인양이 되고 진실 규명 자체는 좀 지지부진되고 있잖아요. 진상 규명이 어머니한테는 어떠한 의미고 진상 규명에 대한 전망이 어떨지, 어머니 의견을 여쭤볼게요.

수현 엄마   (한숨) 어⋯ 진상 규명이 하여튼, 일단은 저한테 어떤 의미인지? 음⋯ 저는, 어차피 죽은 자식은 못 돌아오겠죠. 근데 제 마음속에는 늘 살아 있어요. 그래서 제가… 제가 죽기 전까지는 수현이 엄마일 거니까. 그래서… 최소한 부모라면 왜 제 자식이 죽었는지는 알고 죽어야 되겠죠? 그래서 어떨 때는 제가 '마음대로 죽고 싶어도 못 죽겠다' 그런 생각이 들 때도 있어요, 그걸 알기 전에는. 그거랑. 그리고 만약에 다른, 저 말고, 이런 억울한 일로 또 자식을 잃는 부모가… 이 세상에는 많이 있죠. 지금도 있고, 앞으로도 또 생길 수도 있는 일이고. 그래서 그런 일들이 지금은 100이 있다면 90으로 줄이고 또 80으로 줄이고 70으로 줄일 수 있는 방법은, 저희 이렇게 큰 참사가 진실이 밝혀져서 그 관련된 잘못된 사람들이 제대로 처벌을 받아서, '아, 이렇게 잘못하면 내가 이렇게 엄중한 처벌을 받는구나' 그래서 다른 또 이러한, 이러한 또 뭔가 공사 현장이나 어떤 산업의 현장에서 이런 일을 할 때, 그런 관련된 관리하는 사람들이 '아, 내가 이렇게 잘못하면 나 이렇게 엄중한 처벌을 받아. 그리고 이제 또 그런, 희생자가 생기면 안 돼' 이렇게 생각할 수 있게, 그런 본이 될 수 있게 저희 참사로 인해서…, 진상 규명 돼서 그런 되게 엄정한 처벌을 해서… 본보기가 됐으면 좋겠어요. 그래서 '내가 이렇게 잘못을 하면 이렇게 엄청난 처벌을 받아. 그래서 이렇게 하면 안 돼' 이렇게 생각이 들 수 있을 정도로 아주 엄정하게 처벌을 했으면 좋겠어요. 그거랑 음…. 또 이렇게 그런 본보기가 된다면 [사고] 100건 날 게, 90이 되고 그러면 희생자가 100명에서 90으로 10명이 주는 거잖아요. 그러니까 사회가 좀 그렇게 안전한 사회로 바뀔 수 있는 데[에] 우리 진상 규명이 도움이

수현 엄마 이영옥

되기를 바라는 마음이죠. 그리고 제일 아까, 중요한 거는, 제가 [수현이가] 왜 죽었는지는 알아야 제가 눈을 감을 수 있을 거 같아서, 저한테는 그런 의미에요.

그리고 음… 아까 또 하나 뭐 물어보셨죠? 전망? 음… 아…(한숨) 희망적이지 않다고 봐요. 왜냐하면 음… 박근혜 정부 때는 방해라도 했죠, 암암리에, 암암리도 아니고 대놓고 방해도 하고 했는데, 그때는 방해했는데 못 밝혔잖아요. 그런데 지금 방해 안 하는데도 못 밝히잖아요. 물론 이제… 말씀드렸듯이 뭐 좋은 뜻을 갖고 진실을 밝히고 싶은 사람들이 몇 있다고 하더라도 밑에 실제적으로 일하는 사람들이 그렇게 일을 안 하면 그거는 뭐 어쩔 수 없는 일이기도 하지만… 그런 마음을 갖고 있어도 저는 '정치인은 어디까지나 정치인이다' 자기한테 불리하면 딱 발 벗고 '이 일을 꼭 밝혀야 돼' 이렇게는 안 할 거 같아요. 제가 여태까지 봐온 그 정치인의 모습으로는. 그래서 어… 전망은 밝지 않을 것 같아요, 네.

근데 그럼에도 불구하고 제가 부모니까 희망의 끈은 놓을 수가 없죠. 그리고 뭐 달걀을, 그 바위를 달걀을[로] 치면은 안 깨진다 하더라도 달걀이 묻는다면서요. 뭐 그렇게 하듯이 언젠가는, 지금 5·18 같은 경우도 그 많은 세월이 걸렸잖아요. 그러니까 저희도 뭐 많은 세월이 걸려서 어… 밝혀지기만 했으면 좋겠어요. 세월이 좀 오래 걸려도 밝혀지기만 했으면 좋겠고, 뭐 희망적, 개인적인 희망으로는 뭐 1년이 됐든, 2년이 됐든, 특별조사위원회 끝나기 전에 밝혀지는 게 제 바람인데 그건 좀 힘들 것 같고, 네. 그리고 저 죽기 전에 밝혀졌으면 좋겠어요.

9
지금 수현이를 떠올리면 드는 생각, 수현이의 버킷 리스트

면담자   어머니 이제 마지막 질문을 드릴 텐데요. 많이 생각해
주시고 천천히 대답해 주셔도 돼요. 4년 10개월이 지난 지금 어머니
한테 수현이를 떠올리면 무슨 생각이 드시는지 먼저 여쭤볼게요.

수현 엄마   어… 많은 게 생각나는데, 제가 너무… 싫고 억울하
고 이거를 참담하다고나 할까? 그거는 우리 수현이를 떠올리면 너
무 힘든 거예요. 왜냐하면 제가 사랑하는 아들인데 제가… 늘 기쁜
마음으로 수현이를 떠올릴 수 없는. 그게 너무 참담해요. (눈물을 글
썽이며) 저한테는 너무 사랑스러운 아들인데, 이 참사하고 별개로
우리 수현이를 제가 따로 [떼어]놓지를 못하니까. 그 온갖 감정들,
제가 여태까지 경험했던 것들, 그리고 제가 수현이랑 '가장 힘든 시
간에 같이 못 했다'라는 뭐 미안함, 이런 온갖 것들이 다 합쳐져서
오기 때문에 '수현이 생각할 때 하여튼 기쁜 마음으로만은 생각할
수 없다'라는 그게 너무 힘들고. 그리고 우리 수현이 생각할 때는
[수현이의] 늘 웃는 모습하고, 그 수현이만의 애교가 있어요. 그 이
거, '뿌잉뿌잉' 하고 '낑낑'거리는 소리를 내요. 그래 가지고 막 지
기분 좋거나 애교 부릴 때 내는 그 소리가 이렇게 귓가에 계속 들리

는 것같이 그래요. 수현이 생각하면 그거 제일 많이 생각나죠, 네.

면담자   수현이가 어머니한테 현재 지금 어떤 의미가 되고 있는지도 말씀해 주세요.

수현 엄마   (한숨) 이… 이 말하는 것도 좀 되게 착잡한 것 같아요. 그냥 자식은 부모한테 전부예요. 이제 자식이… 제 옆에 실존해서 있든 없든, 그거는 이제 어느 부모가 마찬가지로 부모 마음은 저보다는 자식이 먼저인 게 부모 마음이거든요. 그래서 수현이는 저한테 늘 그냥 영원히 아들이에요, 제 아들. 그냥 저보다 더 소중한 음… 그리고 제가 또 지금 살아가는 존재의 이유기도 하고, 제가 이 참사 겪고 나서 '죽고 싶지 않다'라면 음… 거짓말일 것 같아요, 죽고 싶던 순간들이 너무 많았어요. 그냥 제가 눈감으면 끝날 거지, 제가 이거 현실을 받아들을 수가 없으니까 '그냥 죽으면 끝날 거야' 이런 생각을 굉장히 많이 했었거든요. 근데, 물론 남아 있는 자식이 또 있기도 하지만 제가 억울해서 못 죽겠더라고요. 우리, 제가 목숨보다 소중했던 제 아들이 왜 이렇게 억울하게 죽었는지 그거를 풀지 않고는 제가 아이한테 부끄러워서 갈 수가 없었어요. 제가 그 힘으로 버텨요. 제가 지금 남은 아이랑 우리 수현이 그거 [진상 규명] 때문에 버티기 때문에 우리 수현이는 제 존재 이유죠, 뭐 그거는 틀림없는 얘기고. 그래서 우리 아들은 영원한 제 아들이고. 네, 수현이는.

면담자   이거는 제 사적인 질문인데 수현이의 버킷 리스트 얼마나 완료하셨는지.

수현 엄마 (웃음) 어, 많이 완료 못 했어요. 이제 여행은 몇 군데 다녔고, 그다음에 책은 누나가 꾸준히 읽고 있는데, 하루에 한 권씩, 저는 정말 저희 아들이 어이가 없는 게, 지가 어떻게 2000권을 읽으려고 2000권이라고 했는지 모르겠어요. 200권만 하지, 이 녀석이. 하루에 한 권씩 읽어도 2000권 채우는 게 너무 힘들어요. 그래 가지고 저는 참사 겪고 나서 거의 책은 한 15권 읽었을까요? 15권 정도밖에 못 읽었고 누나가 좀 많이 읽었고. 그러고 나서음… ○○이가 이제 기타, 아빠 기타 만들어드리는 거는 엊그제 얘기하더라고요. "돈을 따로 모아놨다"고 "엄마… 근데 시간이", 이제 가서 수제 기타를 만들어주는 거거든요. 근데 이제 다니면서 [만드는 게] 배워서 자기가 수제 기타를 가르쳐야 되는데, 고 시간이 안 나서 "엄마, 이거 나 언제 만들지? 돈은 거의 다 모아가는데" 이제 얘기를 하더라고요, 엊그저께. 그래서 "글쎄, 시간 날 때 한번 해봐야지" 그러면서[그랬더니] "설마 아빠, 얘기 안 하는 거 보니까 그 [진상 규명] 자료 조사하는 거 때문에 아빠가 거기 폭 빠져갔고, 아빠가 내가 수제 기타 만들어준다고 한 거 까먹은 거 같애" 뭐 이렇게 얘기하더라고요. 그래서 이제 ○○이가 그거는 안 까먹고 생각하고 있고요. 그리고 나머지는 '몸 만들기' 이런 거는, '연예인하고 결혼하기' 이런 거는, 우리 딸은 연예인한테 관심이 없어서 결혼하고 싶어 하지 않아요(웃음). 그래서 그거는 안 될 거 같고. 저희가 할 수 있는 거는 그 세계 여행 가는 거랑 이제 독서하는 거랑, 공부는 누나가 2등급 이상 쳤기 때문에 그거는 그렇고, 지 학교 가고 싶은 성대랑, 뭐 이런 거는 이제 제가 거기 갈 수는 없을 거 같고.

면담자   왜요, 가서야죠(웃음).

수현 엄마   거기로는 못 가요, 제가(웃음). 공부를 그렇게 못해요. 그래 가지고 못 가고. 음… 그리고 이제 친구들이, 그 공연 20번 하는 거는 친구들이 얘기가 있었는데, 지금은 각자 살기 너무 바쁘고, 군대를 갔고, 또 한 친구는 재수했었는데 지금 어떻게 됐는지 모르겠어요. 그래서 이제 그렇고, 그래서 그거는 친구들이 나중에 어떻게 할지를 모르겠어요, 네. 그래서 음… 그거는 그렇고. 효도 여행은 뭐 저희 딸이 보내줄 것 같고. 그거는 뭐 나중에라도 할 수 있는 일일 것 같아요, 네, 네. 그래서, 그리고 나머지는 뭐 못하는 것들? 할 수 있는 거는 저희가 하려고 [해요].

　　근데 책을 많이 읽고 싶은데 어… 솔직히 공부도 머리에 들어온 지가 얼마 안 되거든요. 그래 가지고 단어를 제가 꽤 잘 외우는 편인데 단어가 안 외워져요. 지금도 깜빡깜빡해요. 그래 갖고 수업하다가 실수한 적도 있어요. 그래 갖고 "야, 이해해라. 선생님 나이가 깜빡깜빡할 나이야. 그리고 이거 선생님이 외웠는데 자꾸 까먹어. 안 외운 게 아니다?" 이렇게 제가 얘기하고. 그리고 이제 그 얘기를 하죠. "내가 너희들보다 많이 아는 거지, 다 아는 건 아니야" 전 그렇게 얘기해요, 그냥 솔직히. 그러고 나서 그렇게 한 적이 있어요. 되게 쉬운 단언데 생각이 안 나는 거예요. 모르는 단어도 아닌데 입에만 뱅뱅 돌고 생각이 안 나는 거예요. 그래 가지고 그러니까 애가 좀 크니까 "아이, 뭐 그냥 지나가죠?" 이렇게 그냥 갔어요, 남자애라. 그래서 그렇게 지나가고.

10
마지막으로 남은 말, 마무리

면담자　　어머니, 이제 저희가 긴 시간 1차, 2차, 3차 구술을 모두 마쳤는데요. 아까 시작 전에 이 구술증언이 나중에 어떻게 쓰이길 바라는지 그 말씀을 다 못 하신 것 같다고 하셨는데, 그 말씀 생각나시는 거 있으시면 해주세요.

수현 엄마　　그거 제가 또 말하는 중에 지금 했을 수도 있어요.

면담자　　네. 많이 하셨는데 만약에라도 더 생각나시는 게 있으시면 지금이라도 말씀해 주시면.

수현 엄마　　말하다가 거의 다 한 것 같은데, 음… 역사책에 남듯이, 물론 역사책하고 이렇게 좀 의미는 다르겠지만, 남아서 저희가 최소한 억울한 일을 당하고 어떤 일을 했는지 부모들이 어떻게 싸웠는지, 그리고 어떻게 살아갔는지 알아서 어, 결국에는 저희같이 똑같은 아픔을 겪지 않는 사람이 있었으면[겪는 사람이 없었으면] 하는 거죠, 없었으면. 있어서가 아니라 없었으면 하는 마음이죠. 네. 정말 힘들어요, 이렇게 유가족으로 산다는 게. 제가 아무리 그 앞

전에 그런 뭐… 산재 사고나 아니면 또 억울한 교통사고나 이런 일 당한 분들, 또 자식 억울하게 잃으신 분들, 그 마음[을] 제가 자식 키우는 엄마니까 공감한다 하더라도 이만큼 힘든지는 모르잖아요. 그러니까 제가 유가족으로 살아보니까 너무 힘들어요, 산다는 자체가. 근데… 이렇게 힘들게 사시는 분들이 이 땅에 다시 없기를 바라는 마음이죠, 이렇게 [구술증언을] 남겨서, 네.

면담자 · 혹시 이제 제가 물어봤어야 하는데, 질문에 없어서 못 하신 말씀이 있으신가요?

수현 엄마 음… 제가 하고 싶은 말은 어, 사람들이 저희한테 그냥 일상으로 돌아가라는 말을 참 많이 해요. 근데 저희 일상은, 일상이 뭐냐 하면 우리 수현이가 옆에 있어서 수현이랑 같이 밥 먹고, 티격태격하고, 같이 공원에 놀러도 가고, 같이 가족끼리 복작복작, 그 사는 게 일상이거든요. 저희한테 일상은 그건데 자꾸 일상으로 돌아가라는 말을 우리한테 하지 않았으면 좋겠어요. 그리고 저희가 지금도 수현이 없는 삶을 살아가는데, 이게 저희한테 일상일 수가 없거든요. 저희는 살아가는 게 아니라 그냥 버텨가는 거예요. 저희가 '왜, 내 자식이 왜 죽었는지'는 알아야 하니까 그 모진 세월을 견디고 버텨가는 거지, 제가 삶을 영위해 가는 건 아니거든요. 그래서 저희한테 자꾸 '이제는 막 그만하고 일상으로 돌아가서 저기 그 각자 각자 삶을 살아야 하는 거 아니에요?' 이렇게 말하시는 게 저희한테는 엄청난 큰 상처라는 걸 좀 아셨으면 좋겠어요.

저희한테 일상은 없어요, 이제는. 그전에 우리 수현이가 내 옆에 있었을 때가 일상이지. 그래서 그런 말은 더 이상 안 해주셨으면 좋겠고. 그리고… 또 하나는 정말로 더 이상 이 세상에 저희처럼 아픈 가족들이 없었으면 좋겠어요, 그런 사람들이. 마지막으로 꼭 드리고 싶은 말씀이에요. 네.

면담자   어머니 그럼 여러 차례에 걸쳐서 쉽지 않은 이야기를 해주셔서 너무 감사드리고요. 이 구술증언 작업이 어머니의 말씀처럼 궁극적으로 이제 진상 규명과 또 안전사회 건설에 기여할 수 있기를 바라는 마음입니다. 너무 고생하셨어요.

수현 엄마   감사합니다. 고생 많으셨어요.

4·16구술증언록 단원고 2학년 4반 제16권

그날을 말하다 수현 엄마 이영옥

ⓒ 4·16기억저장소, 2019

기획 편집 4·16기억저장소 | **지원 협조** (사)4·16세월호참사가족협의회
펴낸이 김종수 | **펴낸곳** 한울엠플러스(주)
초판 1쇄 인쇄 2019년 4월 1일 | **초판 1쇄 발행** 2019년 4월 16일
주소 10881 경기도 파주시 광인사길 153 한울시소빌딩 3층
전화 031-955-0655 | **팩스** 031-955-0656 | **홈페이지** www.hanulmplus.kr
등록번호 제406-2015-000143호

Printed in Korea.
ISBN 978-89-460-6739-4 04300
         978-89-460-6700-4 (세트)
* 책값은 겉표지에 표시되어 있습니다.